Salva pelos Bolos

Marian Keyes

Salva pelos Bolos

Tradução
Marina Slade

Fotografia
Alistair Richardson

Rio de Janeiro | 2016

Copyright © Marian Keyes, 2012
Publicado originalmente em língua inglesa no Reino Unido pela Penguin Books Ltda.

Título original: *Saved by Cake*

Copyright © fotografia, Alistair Richardson, 2012

Copyright © fotografia, pp. 9 e 49, Barry McCall, 2012

Copyright © ilustrações, Gill Heeley, 2012

Revisão técnica: Laura Goldmeier
Diagramação: FA Studio

2016
Impresso no Brasil
Printed in Brazil

CIP-BRASIL. CATALOGAÇÃO NA PUBLICAÇÃO
SINDICATO NACIONAL DOS EDITORES DE LIVROS, RJ

K55s

Keyes, Marian
    Salva pelos bolos / Marian Keyes; Fotografia de Alistair Richardson. — 1. ed. — Rio de Janeiro: Bertrand Brasil, 2016.
    232 p.: il.; 23 cm.

    Tradução de: Saved by cake
    Inclui índice
    ISBN 9788528620597

    1. Cupcakes. I. Título.

16-33767   CDU: 641.85:664.683
                                         CDD: 641.8653

Todos os direitos reservados pela:
EDITORA BERTRAND BRASIL LTDA.
Rua Argentina, 171 — 2º andar — São Cristóvão
20921-380 — Rio de Janeiro — RJ
Tel.: (0xx21) 2585-2000 — Fax: (0xx21) 2585-2084

Não é permitida a reprodução total ou parcial desta obra, por quaisquer meios, sem a prévia autorização por escrito da Editora.

Atendimento e venda direta ao leitor:
mdireto@record.com.br ou (0xx21) 2585-2002

Impressão e acabamento: Lis Gráfica

Sumário

Introdução	8
Lista de Utensílios	14
Algumas Regras	18
Técnicas e Dicas Úteis	20
Clássicos	24
Cupcakes	46
Cheesecakes	72
Bolos molhados	94
Tortas	112
Merengues e Macarons	138
Biscoitos e Cookies	158
Frutas e Legumes	182
Chocolate	204
Índice	226
Agradecimentos	232

Para Ele, com todo o meu amor

Introdução

Em medicina, colapso nervoso é coisa que não existe. O que é muito chato de descobrir quando se está bem no meio de um.

Veja só, eu não sabia que estava tendo um colapso nervoso, e já convivia com ele havia uns seis meses. Tudo começou em outubro de 2009, quando o pânico subiu pela barriga, desceu da cabeça e empurrou por trás dos olhos. Eu sentia como se estivesse sonhando, como se tivesse acordado no meio de um pesadelo horrível só para descobrir que estava acordada o tempo todo. Era realidade demais entrando pelos meus olhos. Eu estava desesperada e aterrorizada sem saber por que e, ao mesmo tempo, tinha medo de contar para as pessoas como estava me sentindo, porque sabia que elas diriam que não havia nada a temer, e isso não faria o medo ir embora. Gastei toda a minha energia para agir "normalmente", mas era como se estivesse dirigindo um carro desgovernado. Multidões me assustavam, as pessoas cresciam diante de mim, suas palavras me atingiam como descargas elétricas e minha boca não conseguia enunciar a resposta certa.

Eu estava lançando um livro novo e pensei que a culpa fosse do estresse decorrente dos eventos, talvez uma sobrecarga de adrenalina, mas, quando a turnê terminou, mergulhei mais fundo na terrível e desconhecida estranheza. Era hora de voltar a escrever — havia iniciado um livro uns dois meses antes e ele estava à minha espera —, mas não sabia como. Não conseguia nem fazer uma observação simples sobre o tempo, quanto mais escrever um romance.

Saí de férias e fui para um paraíso tropical. Correndo risco de parecer terrivelmente ingrata, eu me sentia no inferno. O mar, o céu, o sol, tudo parecia estranho e sinistro. Qualquer lugar me assustava. Eu queria, desesperadamente, voltar para casa. Mesmo quando já estava em casa. Mal reconhecia o lugar onde morava. Mal reconhecia meu marido, minha mãe, meu próprio rosto. Eu me perguntava se estava morta — se, acidentalmente, tinha dado um jeito de morrer sem perceber — e se estava no inferno.

Fui diagnosticada com depressão, mas não me sentia deprimida. Admito, tinha uma porção dos sintomas: não conseguia dormir; não conseguia respirar; não conseguia comer; não conseguia ler — quando chegava ao fim de uma frase, tinha esquecido o começo. O tempo demorava a passar, e cada segundo durava uma eternidade. Tudo parecia feio, afiado e amedrontador, até mesmo os bebês, as flores e as bolsas da Mulberry.

Mas eu não me sentia deprimida; o que eu tinha era medo, muito medo. Eu me sentia como se tivesse sido envenenada, como se meu cérebro tivesse sido envenenado.

Era como se tivesse ocorrido uma avalanche na minha cabeça e eu tivesse sido arrastada por uma força terrível para algum lugar estranho, fora do mapa, onde não havia nada nem ninguém familiar. Estava completamente perdida.

Algumas pessoas, olhando para o lado exterior da minha vida e vendo que não me faltava nada, poderiam dizer que eu estava apenas sentindo pena de mim mesma, e isso era direito delas. Algumas pessoas não entendem, nunca vão entender, e eu as invejo. Mas o cérebro ou a psique, ou seja lá como se chama, é uma coisa delicada e difícil de compreender. O que quer que estivesse — estava — acontecendo comigo, não tinha nada a ver com a minha condição de vida.

A melhor maneira de descrever é: eu me sentia como se estivesse em um filme de ficção científica. Como se estivesse vivendo em um universo paralelo. Estava em um planeta muito parecido com a Terra, mas que pulsava com uma energia totalmente diferente, alguma coisa maligna e ameaçadora. As pessoas que conhecia e amava foram substituídas por sósias sinistras, e eu sentia como se nunca mais fosse voltar para casa. O caminho de volta foi fechado e desapareceu, e eu estava ali, presa em uma armadilha, naquele lugar horrível e desconhecido.

Tentei me tratar de todas as maneiras possíveis. Tomei — e ainda tomo — uma variedade de antidepressivos. Passei uma temporada em um hospital psiquiátrico — pensei que pudesse ser um santuário, literalmente, um abrigo —, mas, para todos os lugares onde fosse, eu não conseguia fugir de mim. Tentei terapia cognitivo-comportamental, acupuntura, reiki, meditação, atenção plena, injeções de vitamina B12, florais de Bach, escrever um diário, banhos de chuveiro gelados — tudo o que foi recomendado, eu experimentei. Tentei malhar, mas me pareceu uma coisa brutal demais para mim, tão terrivelmente frágil. Fiz ioga, mas não consegui esvaziar minha mente. Tentei estar com os amigos, mas isso me deixava apavorada, porque não os reconhecia. Tentei me concentrar em pessoas a quem eu pudesse ajudar de algum modo, mas fracassei em todas as tentativas — tentei ser voluntária em várias instituições de caridade, mas fui derrotada pelos complicados e extensos formulários de inscrição. Fui doar sangue, e me mandaram embora porque eu tinha morado no Reino Unido durante o drama da vaca louca. Perguntei se alguém precisava pintar a parede da sala, ninguém se manifestou.

Implorava às pessoas que me deixassem levá-las de carro aonde precisassem ir. Dirigir era uma atividade que eu ainda conseguia desempenhar. Eu sabia que estava desconectada do mundo, então, dirigia com um cuidado extra. Às vezes, parava em pontos de ônibus e oferecia carona, mas ninguém vinha comigo. Não — acho eu — porque elas vissem que eu estava maluca, mas porque ninguém entra em carros de estranhos.

Amigos e parentes deixavam que eu lhes desse carona, e eu agradecia muitas e muitas vezes. Antes, eu nunca tinha tempo para fazer tais coisas; agora, tinha dias, horas e minutos sem-fim para preencher. Antes, eu acelerava quando o sinal estava amarelo; agora, diminuía a velocidade, agradecida por matar legitimamente alguns segundos no sinal vermelho. Continuei tentando escrever. Fiz um acordo comigo mesma de que tentaria uma hora por dia, mesmo que fosse somente para me sentar diante do computador, encarando a tela, mas nem isso eu consegui.

Pensei muito sobre a morte. Andava com uma "bolsa de suicídio" que continha, entre outras coisas, folhas de papel A4, fita adesiva e marcadores de texto. Serviriam para escrever grandes avisos que seriam pregados na porta do banheiro do hotel para a camareira não entrar. Eu não queria traumatizá-la. "PARE!", diriam os cartazes. "NÃO ENTRE! ME SUICIDEI. CHAME A POLÍCIA." (Tinha decidido, depois de ponderar muito, que seria melhor me suicidar em um hotel. Até havia escolhido o mais apropriado — um sombrio bloco de concreto. Sempre achei que era o tipo de lugar para onde iria uma pessoa que quisesse se matar. Sentia que, se fizesse isso em casa, ela ficaria eternamente envenenada para Ele. Esse era o tipo de lógica absurda que meu cérebro me apresentava.)

Entretanto, embora eu flertasse — e ainda flerte — com o suicídio, tinha bastante senso de responsabilidade para com as pessoas que me amavam, o que me impedia de concretizá-lo. O que quer que estivesse acontecendo comigo, eu tinha que esperar passar. Precisava encontrar maneiras de passar o tempo até ser devolvida a mim mesma.

Então, um dia, minha amiga Helen Cosgrove veio me visitar. O dia do aniversário dela estava chegando, e, de repente, decidi que queria fazer um bolo de aniversário para ela. Eu não assava bolos havia décadas, desde os 13 anos, quando eu e minhas colegas fomos obrigadas a fazer uns "bolinhos de pedra" sem graça na aula de Economia Doméstica. Para ser franca, na verdade, eu não era boa na cozinha, desconfiava de tudo que fosse "artesanal". Achava uma bobagem o ressurgimento do tricô, do bordado e coisas do gênero. Além disso, quem tinha tempo para fazer bolos? Para que gastar tempo e esforço fazendo o que podia ser comprado, e de muito melhor qualidade, na Marks & Spencers? Zombava secretamente de qualquer pessoa que usasse um saco de confeitar.

Mas as coisas eram diferentes agora. Então, fiz um bolo para Helen — na verdade, um cheesecake de chocolate. E gostei tanto que fiz outro. E outro. Comecei a ler livros de receitas e a procurar material na internet. Investiguei a ciência da confeitaria e entrei em alguns cursos (nada desafiador demais, mas o suficiente para aprender o básico).

Eu não conseguia parar de fazer bolos. E, embora consumisse uma quantidade verdadeiramente heroica da minha produção, não dava conta de comer tudo e, por fim, tinha de dar o que sobrava — para familiares, vizinhos e até estranhos. No começo, as pessoas ficavam encantadas. Depois, um pouco "oprimidas". Por fim, quando me viam chegando com os bolos na mão, começaram a se esconder atrás das portas ou

tentavam se disfarçar de aquecedores. E, ainda assim, eu continuei — e continuo — fazendo bolos.

Preciso esclarecer uma coisa: fazer bolos pode não interessar você e, se não interessar, sinto muito e espero que encontre alguma coisa que ajude. Também preciso dizer que fazer bolos não me "curou". Mas me ajuda a seguir em frente. Meu desafio — o desafio de todo mundo — é viver o dia de hoje, e descobri que assar bolos faz passar o tempo. Para simplificar, minha escolha, às vezes, é me matar ou fazer uma dúzia de cupcakes. Então, decido fazer cupcakes e me matar no dia seguinte.

Fazer bolos me deixa concentrada no que está bem diante do meu nariz. Tenho que estar atenta. Em medir o açúcar. Em peneirar a farinha. Isso me acalma e é recompensador, porque, justiça seja feita, é uma espécie de mágica — você começa com todo aquele material disparatado, como manteiga e ovos, e termina com uma coisa completamente diferente. E deliciosa.

A questão é que eu era totalmente sem noção. Uma completa iniciante que teve que aprender tudo. Eu me ensinei a fazer bolos, fazendo e fazendo novamente, e, embora não esteja afirmando ser nenhuma grande expert — tenho cometido toneladas e mais toneladas de erros juntamente com toneladas e mais toneladas de bolos —, aprendi o básico e todo tipo de pequenas dicas úteis, e estou encantada em poder dividi-las com você.

Curiosamente, a parte de que eu mais gosto é a decoração. Digo "curiosamente" porque por toda a minha vida eu fui conhecida na minha família por não ser "boa com as mãos". Sempre fui horrível para desenhar e costurar e detestava embrulhar presentes — não tinha paciência para cortar o papel direitinho nem a fita adesiva no tamanho certo. Mas acontece que consigo confeitar um bolo. Aprendi — acredita? — a usar o saco de confeitar e me tornei especialista em trabalhos com o bico.

Mas não se assuste, ninguém vai fazer você trabalhar com bico de confeitar; este livro é sobre bolos. Incluí minhas receitas favoritas. Algumas são muito diretas e simples, porque era com o que eu conseguia lidar na época. E outras são mais complexas — por exemplo, a Torta Merengue de Banana (ver página 147), em que é preciso assar a massa, preparar um creme e fazer o merengue —, porque havia ocasiões em que eu tinha necessidade de um desafio, em que precisava me concentrar com mais intensidade.

Em ambos os casos, posso garantir que as receitas são deliciosas e espero que você tenha prazer em prepará-las. E em comê-las.

Lista de Utensílios

Eu não tinha, literalmente, nenhum utensílio apropriado no dia em que me bateu a vontade de preparar um bolo. Tive que pegar o carro, ir ao supermercado mais próximo (na época, não fazia ideia de que existiam lojas especializadas em artigos para confecção de bolos) e comprar algumas fôrmas básicas e os ingredientes. Desde então, descobri que há um mundo de utensílios para essa finalidade e fui adquirindo o material à medida que ia precisando dele. Para ser sincera, parece que, quanto mais eu compro, mais eu quero, mas sou assim com tudo. Começo a comprar por necessidade, qualquer que seja ela, e isso cria em mim um buraco negro sem-fim, insaciável.

Melhor não começar a falar sobre fôrmas de biscoitos. Eu já vivia nesse planeta havia décadas e nem ao menos imaginava que elas existiam, quando aconteceu de um dia eu estar em uma loja especializada e ver uma adorável coisinha de metal em formato de bolsa. Inacreditável como me encantei por ela e, enternecida, comprei-a imediatamente, certa de que seria a única fôrma de biscoitos de que eu iria precisar em toda a minha vida. Esse estado de felicidade completa durou aproximadamente sete segundos. Vi uma fôrma em formato de sapato e fui abatida por uma terrível ânsia de possuí-la, e a comprei também. A coisa se acalmou por um breve tempo. Até que meus terríveis olhos carentes pousaram sobre um quarteto de estrelas, de tamanho pequeno a grande, e o desejo recomeçou. Desde então, venho adquirindo fôrmas de biscoitos em formato de carros, corações, círculos, flores, asas de fadas, estrelas, corujas, alces, morcegos, canecas de cerveja, chuteiras, cachorros raivosos, pernas gangrenadas, dentes podres... e ainda quero mais. Se eu tivesse todas as fôrmas de biscoitos do mundo, ainda assim não seria o bastante.

Enfim, estou divagando. Aqui está a lista dos utensílios mais básicos de que você precisa:

Tigela
Do tipo que você preferir. Aquelas de cerâmica bege à moda antiga conservam os ingredientes frios; portanto, são boas para fazer tortas. E também têm certo ar retrô, certa aparência de "eu sei o que estou fazendo" que pode funcionar bem para intimidar visitas à sua cozinha. A minha tigela é de plástico azul.

Batedeira
No começo eu me virava bem com um modelo simples, o mais barato possível, mas, depois de algum tempo, o motor queimou. (Para falar a verdade, eu fazia bolos dia e noite, parecia uma fábrica de munições em época de guerra, e máquina alguma teria resistido às minhas frenéticas exigências.) Obviamente, quanto mais cara a batedeira, mais funções e acessórios ela terá, até chegar ao suprassumo do momento, uma batedeira KitchenAid, "um par extra de mãos", como diz a propaganda. (Não, não ganhei uma grátis. Não ganhei nada de ninguém. Se recomendo é porque acho que o produto é bom.)

Peneira
Para tirar os grumos da farinha e do açúcar de confeiteiro. Também serve — isso foi uma surpresa para mim — para adicionar ar à mistura, garantindo, assim, bolos mais leves e fofos.

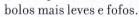

Fôrmas de bolo

Fôrmas com abertura lateral e fundo removível são lindas e têm a vantagem de permitir que o bolo desenforme sem agarrar. As fôrmas de silicone também funcionam bem e são, claro, modernas e maravilhosas. (Lembre-se de colocá-las dentro de um tabuleiro antes de enchê-las de massa porque, senão, elas poderão balançar e entornar a massa.) Se você está em dúvida sobre que diâmetro de fôrma para começar, 20cm, provavelmente, é o tamanho que mais se usa. Compre duas. Outra que uso sempre é uma quadrada, de 20cm x 20cm.

Fôrmas de torta

Se você está planejando fazer tortas, não seria nada mal adquirir uma fôrma de torta — ela pode ser de metal ou de cerâmica, e é bem parecida com uma fôrma de bolo, exceto que as bordas são inclinadas para fora. Uma de 20 ou 22cm deve atender à maioria das finalidades. Uma complicação extra é que as fôrmas de torta têm profundidades diferentes. Recomendo que a sua primeira aquisição seja uma "rasa", com cerca de 3cm de profundidade. E, com o passar do tempo, você comprará a sua fôrma "funda", que tem uma profundidade de 5cm.

Fôrmas de cupcakes

Para depositar as forminhas de papel, porque, se elas forem colocadas num tabuleiro normal, a massa do bolo vai pressionar as pregas do papel e se espalhar como fogo na mata, e você vai acabar obtendo panquecas em vez de cupcakes.

Espátula de silicone violeta

Se você não encontrar uma violeta, acredito que outra cor vai servir. Esse utensílio é tão incrível para raspar sua tigela que você, provavelmente, vai obter massa para uma metade extra de bolo. Embora, infelizmente, isso signifique que vai sobrar menos para lamber. Mas será que isso é tão ruim assim? Uma das poucas desvantagens de ser uma doceira de mão cheia é provar tudo que se está preparando. De certa maneira, eu me convenci, ao colocar massa crua na boca, de que, como não estava cozida, não contava. Estava errada.

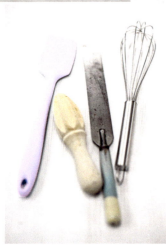

Espátula

Você pode não precisar tanto de uma, mas se você se parece um pouco comigo, vai gostar. Eu adoro a minha espátula. Amo sua força e flexibilidade incríveis, e, às vezes, dou um pulo na cozinha e passo alguns minutos felizes vergando-a para a frente e para trás, prestando atenção ao ruído baixo mas gostoso que ela faz. É quase um passatempo, como estourar bolhas de um plástico-bolha.

Papel-manteiga
Um dado importante — papel encerado NÃO é o papel para assar bolos a que estou me referindo. Não. Papel encerado é um produto que se usava para forrar fôrmas de bolo nos velhos tempos, mas, geralmente, deixava a desejar e agarrava nos bolos ou nas fôrmas e fazia um estrago. O papel para a confeitaria é o papel-manteiga, porque nunca gruda em nada.

Avental
Certo, talvez não seja vital, mas é engraçado.

Grade para resfriamento
Deixa o ar quente evaporar dos bolos recém-assados, para que não continuem a cozinhar em seu próprio vapor.

Balanças digitais
Não são tão caras como talvez pareçam — não deixe que a palavra "digital" a assuste. Mas precisão é importante na confecção de bolos. Dizem que cozinhar é uma arte e assar bolos, uma ciência. Ocorrem reações químicas durante o preparo de bolos e realmente é um negócio muito delicado.

Lata hermética
Um tanto Cath Kidston* e retrô, eu sei, mas você deseja que seu produto se mantenha fresco. Os produtos menores duram menos tempo. Certifique-se de que seus doces estejam totalmente frios antes de guardá-los na lata hermética, porque, senão, o calor e a atmosfera anaeróbica darão aos germes o melhor dos mundos dentro dela, e eles ficarão dançando, copulando e procriando numa velocidade absurda.

Kit para confeitar
Confeitar é um universo em si, e entrar em detalhes sobre o assunto ocuparia, pelo menos, outro livro inteiro. Mas se você quiser se divertir um pouco fazendo espirais, estrelas básicas e coisas parecidas em cima dos cupcakes, por que não se presentear com um pequeno kit para iniciantes? Há muitos no mercado, todos contendo uma seleção de bicos de formatos diferentes, alguns sacos de confeitar e um manual de instruções. O da marca Wilton é bom, mas tenho certeza de que a maioria dá para o gasto. Também não é vergonha nenhuma usar glacê pronto.

Pistola de pasta americana
Estou brincando. Quer dizer, tudo bem se você quiser uma, mas seria um nível mais avançado, obsessivamente falando.

---

*Cath Kidston é designer de moda britânica e proprietária de uma cadeia de lojas de artigos para casa, roupas etc. Conhecida por seus padrões florais nostálgicos. (N. T.)

Algumas Regras

Poucas, mas ajudarão.

1. **Não tenha medo.** Sério. É somente um bolo. Ainda que resulte num desastre — e haverá ocasiões em que, apesar de você fazer tudo perfeitamente, isso irá acontecer —, não é o fim do mundo. Embora seja vital seguir as receitas, devemos nos lembrar de que estamos lidando com produtos naturais — farinha, manteiga, frutas e tudo mais; não se pode garantir que um pacote de açúcar se comportará exatamente como outro. Cada forno também é diferente. Até no mesmo forno, as condições podem ser diversas! (Quando você começar a frequentar círculos de boleiros, talvez ouça falar do famoso "ponto quente", uma parte do forno que, inexplicavelmente, é mais quente que as outras, sabe-se lá por quê.) O que estou tentando dizer é que há dias em que, mesmo você fazendo tudo certo, as coisas dão errado. Às vezes, bolos ruins acontecem com pessoas boas. Não é culpa sua.

2. **Antes de começar a fazer um bolo, antes de quebrar um único ovo, leia a receita inteira** — ingredientes, equipamento necessário e temperatura do forno — do começo ao fim.

3. **Para bolos e cupcakes, ovos, manteiga e leite devem estar na temperatura ambiente.** Tire-os da geladeira cerca de uma hora antes.

4. **Para fazer tortas, por outro lado, tudo deve estar o mais frio possível** — os ingredientes, a tigela e, especialmente, as mãos. Algumas pessoas nascem com "mãos quentes" — a genética lhes deu uma carta marcada. Sou uma dessas desafortunadas, e gente bem-intencionada de mãos frias tem me aconselhado a desistir das tortas e me ater aos bolos. Mas decidi desafiar as probabilidades, enfrentar as limitações impostas pelo nascimento. Portanto, sim, faço tortas. Não vou ganhar prêmios, mas gosto de fazê-las.

5. **Forre ou unte a fôrma antes de começar,** especialmente se você for lidar com agentes levedantes (por exemplo, bicarbonato de sódio, fermento em pó ou farinha com fermento). Quando o agente levedante entra em contato com um líquido (por exemplo, ovos ou leite), dá-se início a uma reação química, e um gás é liberado, mas só por

um curto período de tempo. Você não quer que esse gás se perca no espaço; quer, ao contrário, que permaneça no seu bolo, fazendo-o crescer e tornando-o leve e fofo. Portanto, assim que acrescentar qualquer agente de crescimento que esteja usando, deve colocar toda a massa na fôrma e dentro do forno o mais depressa possível.

6. **Depois que tiver colocado o bolo no forno, é imperativo que não o abra pelo tempo mais longo possível.** Se você é iniciante no preparo de bolos, talvez fique morrendo de vontade de ver como as coisas estão evoluindo lá dentro. É natural. É um pouco parecido, talvez, com a primeira vez que você aplica bronzeador artificial e fica checando a cada cinco minutos se ele está surtindo efeito. E, quando nada acontece, passa um pouco mais. E mais. E, então, depois de várias horas, termina com uma horrível cor de laranja estragada. É necessário que se tenha paciência e autocontrole. Resista ao impulso de abrir o forno a cada 30 segundos. O ar frio de fora vai entrar e interferir no processo de crescimento, e você acabará tendo um bolo solado. Literalmente, um fiasco.

7. **E mais, se você está planejando ter um ataque de nervos, bater os pés e as portas nos arredores da cozinha pode não ser a melhor hora.** Os bolos são sensíveis, e se afligem facilmente com barulhos altos. Será que não daria para se segurar até seu bolo ficar pronto?

8. **Os ingredientes ficam estranhos depois de algum tempo, mesmo os produtos secos: é como se eles "morressem".** O fermento em pó perde suas propriedades, e o mesmo acontece com a farinha com fermento; e as especiarias secas se transformam em poeira de coisa nenhuma. Às vezes, os bolos ficam solados e sem gosto, e as pessoas se perguntam o que fizeram de errado, e talvez nada tenham feito de errado, talvez sejam somente os ingredientes que estavam fora da validade. Minha sugestão: se você faz um bolo a cada década, por que não se presenteia com um pacote novo de farinha de trigo?

Técnicas e Dicas Úteis

Como forrar uma fôrma com papel-manteiga
Ao forrar uma fôrma, uma técnica que pode ser útil para manter o papel onde você quer que ele fique é cortar um pedaço grande o suficiente para cobrir o fundo e subir pelas laterais. Então — sim, sei que vai parecer estranho —, amasse-o até formar uma bolinha, e estique-o novamente. O fato de ter sido amassado faz com que ele fique mais maleável e menos leve e flutuante.

Manteiga com ou sem sal?
Existem os fundamentalistas da manteiga sem sal. Muitas receitas de bolo são inflexíveis quanto ao fato de que somente a manteiga sem sal funciona, e, nas minhas redondezas, manteiga sem sal é como uma criatura tímida da floresta — uma coisa obscura e esquiva. Às vezes, você encontra; outras vezes, não. Você pode ter sorte um dia e depois, no outro, não ter, mas nunca conte que vai conseguir comprá-la. Na época em que comecei a fazer bolos eu achava que, se não encontrasse a manteiga sem sal, de maneira alguma poderia usar a com sal, eu estava errada — a manteiga com sal se presta muito bem para fazer bolos. Na verdade, acabei descobrindo que há tantos advogados da manteiga com sal quantos há da manteiga sem sal. Experimente. Os bolos são seus. A escolha é sua.

Derreter chocolate
O que você precisa saber é que tem de ser feito com muito cuidado. O chocolate é um animal arisco e imprevisível quando se trata de derretê-lo. Queima num piscar de olhos. E também faz uma coisa que poderíamos chamar de "empedrar", o que, basicamente, significa que ele se agrega numa bola teimosa e intratável e não se consegue persuadi-lo a fazer mais nada, como um adolescente de coração partido. Então, você tem duas escolhas:

Você pode derreter o chocolate, quebrando-o em pedaços, colocando-o dentro de uma tigela refratária e posicionando a tigela sobre uma panela com água em fogo baixo (banho-maria). Mas não deixe que uma única gota de água caia sobre o chocolate, nem ao menos deixe que o fundo da tigela encoste na água, ou o chocolate vai começar a empedrar à esquerda, à direita e no centro.

Ou você pode derreter o chocolate, quebrando-o em pedaços e colocando-o no micro-ondas, mas preste atenção: faça isso de 30 em 30 segundos, em potência baixa, mexendo nos intervalos, mesmo quando — e frisar isso nunca é demais —, *mesmo quando ele lhe parecer exatamente igual à última vez que o viu*, 30 segundos antes.

Uma última observação: o chocolate branco "sofre dos nervos". É ainda mais suscetível de queimar que o chocolate amargo ou o chocolate ao leite; portanto, tome cuidado redobrado com ele.

Qualquer que seja o método de derretimento que você vai usar, execute-o lentamente.

Como "escaldar" o leite ou o creme de leite

Isso significa aquecê-lo até quase o ponto de fervura, mas sem deixar que ferva. Isso requer que você fique junto ao fogão, olhando para o leite sem piscar, com nervos e músculos tensos. Não se sinta ridícula, não há outro jeito. Quando atingir a temperatura perfeita, retire a panela do fogo.

Como separar as gemas das claras

Quando você tem que separar várias gemas das claras, um truque útil é usar três tigelas. Assim, se você acidentalmente deixar cair gema na clara, ou se (que horror!) pegar um ovo podre, ao menos o prejuízo ficará restrito a somente um ovo e não a todos.

Comece quebrando o primeiro ovo. Deixe a clara cair dentro daquela que doravante será conhecida como Tigela Nº 1 — ela é, basicamente, uma tigela provisória; vamos usá-la apenas como intermediária. Quando o máximo que você puder extrair de clara já estiver na Tigela Nº 1, coloque a gema na Tigela Nº 2 (também conhecida como **Tigela da Vergonha**, ver página 144). E aí? Esvazie o conteúdo da Tigela Nº 1 dentro de uma terceira tigela, de agora em diante denominada Tigela Nº 3. Quebre o segundo ovo. Despeje a clara na Tigela Nº 1, a gema na Tigela da Vergonha, depois esvazie o conteúdo da Tigela Nº 1 na Tigela Nº 3. E assim por diante.

Como retirar um pedaço de casca de ovo

Se você, acidentalmente, deixar cair um pedaço de casca de ovo dentro da clara, o que deverá fazer será retirá-lo com outro pedaço de casca. Sei que parece contraditório acrescentar mais um pedaço indesejável de casca, mas realmente funciona.

Assar às cegas

Não é, como você talvez possa estar imaginando, preparar um bolo com uma venda nos olhos, como se fosse encarar um pelotão de fuzilamento. Não. É um método de pré-assar a massa da torta antes de colocar o recheio. Depois de colocar a massa crua na fôrma, forre-a com uma camada de papel-manteiga e ponha algum peso sobre ele. Eu uso grãos de feijão, mas você pode comprar lindas bolinhas de vidro em lojas especializadas em artigos para confeitaria. Assando às cegas, obteremos duas coisas:

* A massa sob o recheio estará cozida e, portanto, não ficará crua.

* O peso dos feijões (ou das lindas bolinhas de vidro) vai evitar que a massa suba e crie bolhas, tornando-se inadequada para "receber" o recheio.

Como preparar uma base de biscoito para o cheesecake

Para triturar os biscoitos para a base, quebre-os em pedaços, coloque-os em um saco plástico e dê um nó. Depois, ponha esse saco plástico dentro de outro saco plástico (em um minuto você vai saber por quê). Pegue um objeto contundente. Prefiro um martelinho, mas você pode usar um rolo de massa ou até uma garrafa de vinho; basicamente, qualquer coisa capaz de causar graves danos corporais.

Aperte e bata até os biscoitos virarem pó. Agora, você vai entender por que precisa de um segundo saco plástico: é que, na empolgação, você poderá rasgar acidentalmente o primeiro e espalhar migalhas por toda a cozinha. (Gostaria apenas de salientar que você pode se poupar de todo esse trabalho se tiver um processador de alimentos, mas, às vezes, executar essa tarefa é muito agradável.)

Como retirar o cheesecake da fôrma

Desvendei uma conspiração silenciosa em torno desse assunto e me parece que nenhuma receita trata disso. Aqui está o que aprendi a duras penas. Use uma fôrma redonda de abertura lateral e fundo falso, mas não solte a trava lateral de jeito nenhum. Espere até que o tempo longo de refrigeração tenha feito a torta se contrair ligeiramente e se afastar dos lados da fôrma. Deslize sua espátula com delicadeza entre a fôrma e a torta, trabalhando com cuidado por toda a volta. Quando sentir que a torta está inteiramente solta da fôrma, então — E SOMENTE ENTÃO — solte a trava lateral. Essa parte da fôrma sairá com facilidade.

Já está resolvida a parte de fora. Como tirar a parte de baixo? Muito mais complicado. Você acha que a torta está bastante firme para fazer o "truque dos dois pratos"? Se acha que sim, coloque um prato raso grande virado para baixo em cima do cheesecake. É importante que o prato seja raso. Qualquer recorte que ele tenha, não importa quão raso seja, poderá fazer com que a torta se quebre, e Deus sabe que ninguém quer que isso aconteça. Deslize uma de suas mãos sob a base do cheesecake e coloque a outra por cima do prato com a face virada para baixo, de modo que suas mãos e o cheesecake formem um sanduíche. Entretanto, não é hora de ficar pensando na terrível responsabilidade do que está fazendo. A ação é a chave do sucesso. Mantendo os dedos bem abertos e a mão espalmada, trabalhando rápida mas delicadamente, vire a torta de maneira que, agora, ela fique de cabeça para baixo sobre o prato. A base da fôrma ainda estará presa a ela, mas, usando a espátula, com muita, muita, muita delicadeza, retire-a, separando-a de sua adorável base de biscoito.

É hora, então, de virar a torta para cima. Coloque um segundo prato raso grande — o prato onde você deseja servir a torta — com a face sobre a torta, que está de cabeça para baixo. Coloque uma das mãos sob o prato de baixo e a outra sobre o prato de cima e, mais uma vez, vire a torta. Voilà! Agora você tem o seu cheesecake intacto, pousado sobre o prato em que será servido, e do lado certo.

Algumas vezes, quando retiro a lateral da fôrma, tenho a impressão de que meu cheesecake está um tanto instável e frágil para sobreviver ao processo traumático dos dois pratos, e então penso: não vou ser boazinha com ele, simplesmente vou servi-lo sobre a base da fôrma.

Glitter, enfeites para salpicar, confeitos etc.

Tenho tanto prazer em decorar bolos — especialmente os cupcakes — quanto em fazê-los. Cobrir um cupcake de glacê e depois criar uma obra de arte comestível em cima dele com glitter, flores de açúcar, gel cintilante, estrelas de fondant etc. faz com que eu me sinta maravilhosamente bem. Qualquer supermercado tem confeitos em suas prateleiras, mas, para você ter uma noção do universo de decorações disponíveis, eu realmente recomendo que vá a uma loja especializada ou entre em algum website divino, como o www.cakescookiesandcraftsshop.co.uk. Você vai ficar deslumbrado e surpreso, e vai querer comprar tudo. Prometo que vai passar horas maravilhosas.

Como saber quando o seu bolo está cozido?

Bem, ele lhe diz isso. Se você o pressionar com delicadeza e ele "responder", isto é, se voltar à posição inicial, está pronto. Ou você pode fazer o Teste do Palito. Basicamente, o que acontece é: quando se completar o tempo previsto para o cozimento, você deverá espetar um palito no meio do bolo e retirá-lo logo em seguida. Se o palito tiver massa de bolo agarrada nele, isso significa que o bolo ainda não está pronto. Mas se o palito sair limpo, o bolo estará cozido. Viva!

CLÁSSICOS

Bolinhos de Pedra

Bolo da Rainha Vitória

Broas de Leitelho

Crumble de Ruibarbo

Pudim de Caramelo "Puxa-puxa" do John

Mousse de Chocolate Simples

Biscoito do Milionário segundo Ele

Bolo de Natal sem Medo
(Também conhecido como Bolo de Frutas Tradicional)

Pudim de Pão com Manteiga

Não é da minha natureza simplificar as coisas. Não importa o que eu esteja fazendo, sinto uma vontade louca de exagerar. Nesta seção, porém, eu me contenho, por respeito. As receitas existem há muito tempo e sobreviveram porque são maravilhosas. De muitas eu me lembro da infância, e preparar qualquer uma delas é uma ótima maneira de começar a fazer bolos ou de tornar a fazê-los, se você tiver dado um tempo.

Bolinhos de Pedra

Bolinhos de Pedra. Bem, quando eu era criança, costumavam ser vistos como piada. O problema estava no nome — um bolo que se dizia parecido com uma pedra tinha que ser duro e sem graça, concorda? Eu os fiz incontáveis vezes nas aulas de Economia Doméstica — curiosamente, são o único tipo de bolo de que realmente me lembro ter preparado naquelas aulas — e não guardo na memória o sabor deles. Acho que nem me dei o trabalho de comê-los. Na época, eu era obcecada por pudim Yorkshire e não me interessava por qualquer tipo de doce que não fosse industrializado.

Entretanto, acredito que os bolinhos de pedra passaram recentemente por uma reformulação radical em sua imagem e são muito requisitados nas festas infantis de aniversário, graças ao fato de Harry Potter ser um grande fã deles. E agora, então, se fala que a "pedra" do título não se refere ao fato de serem duros ou difíceis de mastigar, mas de serem parecidos com pedras. Com isso em mente, há pouco tempo eu os refiz, e que surpresa! Eles são deliciosos. Doces e crocantes, não se parecem nada com pedras! O segredo, segundo a minha sogra Shirley, é comê-los assim que saem do forno.

Rende 14-16 porções

225g de farinha de trigo com fermento
1 colher de chá de fermento em pó
115g de manteiga
115g de passas
50g de frutas cristalizadas
75g de açúcar
1 ovo batido
3 colheres de sopa de leite

Para decorar

3 colheres de sopa de açúcar demerara

Forre uma assadeira grande com papel-manteiga e preaqueça o forno a 200ºC.

Peneire a farinha de trigo e o fermento em uma tigela grande. Acrescente a manteiga e misture até a massa ficar esfarelada (ou ponha a batedeira para fazer isso). Acrescente as passas, as frutas cristalizadas, o açúcar e o ovo batido, misturando tudo muito bem, até a massa ficar firme. Se ficar firme demais, adicione algumas colheradas (de sopa) de leite, lembrando sempre que você poderá acrescentar outras mais, se necessário, mas que será muito mais difícil tirar, se você tiver colocado demais.

Utilizando 2 colheres de sopa — uma para pegar a massa e outra para raspar a massa da primeira colher (se é que você está me entendendo) —, coloque montinhos de massa no tabuleiro, deixando espaço entre eles para se espalharem. Não se preocupe em alisar esses montinhos — lembre-se: a ideia é que pareçam ásperos. A dica está no nome.

Salpique a parte de cima de cada montinho com açúcar demerara e asse por 15 a 20 minutos, até ficarem ligeiramente dourados. Deixe-os esfriar em uma grade de resfriamento e coma-os em seguida. *Gadzooks*, ou *Por Gor*, ou seja lá o que for que Harry Potter diz.

Bolo da Rainha Vitória (Victoria Sandwich)

Essa massa de pão de ló deliciosamente leve é a mais tradicional e fácil de fazer. Usei geleia de morango e creme de leite fresco para unir as duas camadas, mas você pode usar o que quiser. Coalhada de limão e iogurte grego, por exemplo. Ou calda de framboesa e buttercream (também conhecido como glacê de manteiga ou creme de manteiga). Ou Nutella e raspas de chocolate. Tudo bem, vou parar por aqui.

Rende 8 fatias

Para o bolo
200g de manteiga
200g de açúcar
4 ovos
sementes de 1 fava de baunilha ou 1 colher de chá de extrato de baunilha
200g de farinha de trigo com fermento

Para decorar
200ml de creme de leite fresco
200g de geleia de morango
4 colheres de sopa de açúcar de confeiteiro

Unte com manteiga duas fôrmas de 20cm e forre-as com papel-manteiga. Preaqueça o forno a 190ºC.

Bata a manteiga e o açúcar até obter um creme claro e fofo. Acrescente os ovos, um a um, sempre batendo. Talvez a mistura talhe um pouco. Não se assuste. Simplesmente, adicione uma ou duas colheres de sopa de farinha de trigo, e vai ficar tudo bem. Acrescente as sementes de baunilha (ver na página 56 como retirar as sementes da fava) ou o extrato. Peneire a farinha e misture.

Divida a massa entre as duas fôrmas e asse por cerca de 20 minutos, até seu palito sair limpo ou o bolo responder quando delicadamente pressionado. Deixe esfriar em uma grade e desenforme. Quando estiverem totalmente frios, bata o creme de leite até ele ficar firme, quase da consistência de manteiga.

Coloque um dos bolos sobre o prato em que será servido (será que você consegue um papel rendado? Este bolo retrô clama por um papel rendado!). Cubra a superfície do bolo com uma camada de geleia de morango e, depois, com uma camada de creme. Coloque o segundo bolo em cima. Se a geleia e o creme escorrerem um pouco pelos lados, use uma faca para raspar o excesso. Com uma peneira, espalhe açúcar de confeiteiro sobre a superfície do bolo. Como essa receita leva creme de leite fresco, não demore muito para servir.

Broas de Leitelho

Cresci vendo uma legião de mães irlandesas fazerem as mais maravilhosas broas. Elas colocavam farinha e outras coisas na tigela — não mediam nem pesavam nada. Fazendo várias outras coisas ao mesmo tempo, produziam uma boa quantidade de massa que jogavam sobre uma superfície polvilhada com farinha de trigo e, numa velocidade estonteante, modelavam inúmeros círculos perfeitos. Após 10 a 12 minutos no forno, tínhamos uma porção de broas deliciosas. Elas faziam a coisa parecer tão fácil que cheguei a acreditar que fosse mesmo.

Mas não, meus amigos, o negócio é bem complicado. Minhas primeiras tentativas foram desastrosas — ficaram achatadas demais, quebradas demais, tortas demais, e muito estranhas. Então, voltei à fonte — a mãe irlandesa — e recolhi alguns segredos, que fico feliz em compartilhar com vocês.

O forno precisa estar muito quente — 220ºC. Antes de começar a cortar a massa, dê umas pancadinhas nela para ficar achatada e lisa — qualquer pequena fresta na superfície da massa crua vai virar um cânion depois das broas assadas. A massa também deverá ficar bem alta — com cerca de 5cm —, para que as broas fiquem altas e crocantes. Finalmente, quando você tirar o cortador da massa, não o gire. Sei que é quase irresistível, mas, com certeza, isso vai deixar a broa torta para um lado.

Rende 14-16 broas

265g de farinha de trigo
1/2 colher de chá de fermento em pó
1/2 colher de chá de bicarbonato de sódio
65g de açúcar
3/4 de colher de chá de sal
130g de manteiga à temperatura ambiente
110-165ml de leitelho* e mais um pouco para passar em cima das broas

* Para fazer o leitelho, basta misturar 1 xícara de leite com uma colher de suco de limão coada e deixar agir por 15 minutos antes de usar. (N. R. T.)

Preaqueça o forno a 220ºC e forre dois tabuleiros com papel-manteiga. Peneire a farinha, o fermento e o bicarbonato em uma tigela. Acrescente o açúcar e o sal, misture bem. Corte a manteiga em pedaços e, depois, junte à mistura, até que a consistência lembre migalhas de pão.

Adicione leitelho suficiente para tornar a massa macia, mas não grudenta, e mexa bem, aumentando a velocidade. Nesse ponto, comece a trabalhar rápido. Seja qual for o processo químico que se passa nas broas, ele já começou no nanossegundo em que o leitelho tocou a farinha. Você pode usar as mãos para dar liga à massa. Polvilhe uma superfície plana com farinha. Tire mais ou menos metade da massa da tigela, coloque-a sobre a superfície polvilhada, abra a massa até ficar com uma espessura de 5cm e use as mãos para alisar a parte de cima.

Mergulhe um cortador redondo de 5cm na farinha, corte uma broa e retire o cortador. Usando a espátula, levante a broa e coloque-a na assadeira. Vá cortando as broas até a massa acabar. Repita o processo com o restante da massa.

Quando terminar, despeje uma quantidade pequena de leitelho em uma tigela e, com um pincel de cozinha, passe-o em cima das broas. Asse por cerca de 15 minutos, até que cresçam e fiquem douradas. Deixe esfriar um pouco sobre uma grade. Sirva quente ou fria com geleia e creme, ou manteiga e queijo cheddar.

Crumble de Ruibarbo

Uma delícia de se fazer de tão fácil e rápido que é — você não precisa pré-cozinhar o ruibarbo. Coloque todos os ingredientes numa fôrma e asse junto, base e cobertura.

Entretanto, eu morro se deixar as coisas simples assim, realmente morro. Não *suporto* que a receita não seja Crumble de Ruibarbo, Lichia e Carambola. Ou Crumble de Ruibarbo, Kiwi e Ameixa Rainha Cláudia. Mas prometi no início dessa seção que manteria as coisas clássicas, e realmente estou fazendo o possível. Entretanto, tomei a pequena liberdade de sugerir salpicar uma diminuta colher de chá de gengibre em pó sobre o ruibarbo para realçar o sabor. E pensei que poderíamos acrescentar alguns flocos de aveia na cobertura, porque aveia faz bem à saúde e eles tornariam a farofa mais crocante. Mas se você é um purista em matéria de crumble e a minha audácia lhe é ofensiva, então, claro, esqueça o gengibre, substitua a aveia por 100g de farinha de trigo e não se fala mais nisso.

Serve de 6-8 porções

Para a base
900g de ruibarbo
50g de açúcar demerara
1 colher de chá de gengibre em pó

Para a farofa do crumble
175g de farinha de trigo
50g de açúcar
50g de açúcar mascavo
100g de manteiga gelada e cortada em cubos
100g de flocos de aveia

Preaqueça o forno a 200°C.

Separe os talos de ruibarbo e lave-os, dividindo em dois os mais grossos. Depois corte em pedaços de cerca de 2,5cm e coloque-os em uma tigela com o açúcar e o gengibre, se for usá-lo. Coloque os ingredientes do recheio em um prato de torta de 1,5 litro (não precisa untar) e comprima.

Para a farofa, peneire a farinha de trigo em uma tigela, adicione os açúcares e os cubos de manteiga gelada (é vital que a manteiga esteja gelada, porque, senão, faremos mais uma torta do que um crumble). Se você estiver usando um processador, faça-o trabalhar em arrancos curtos e fique de olho. Se estiver amassando com as mãos, continue até a mistura parecer esfarelada como um crumble. Adicione os flocos de aveia, misture bem e espalhe sobre o recheio, certificando-se de que todo ele esteja bem coberto.

Asse por 40 a 45 minutos, ou até a cobertura estar dourada. Sirva morno, com creme ou sorvete de baunilha.

Pudim de Caramelo "Puxa-puxa" do John

Perguntei a Ele: "Como se faz pudim de caramelo 'puxa-puxa'?" E ele respondeu: "Não faço a menor ideia", e eu disse: "Muito estranho, já que é a sua sobremesa favorita", e ele disse: "Não é não, porque nem gosto de sobremesas", e perguntei: "Então, é a favorita de *quem*?", e ele respondeu: "Do meu pai", e acrescentou: "Você sempre me confundindo com ele!" Eu lhe dirigi um olhar impertinente e disse: "Bom, *nem* sempre."

Enfim: consultei o pai dele (que se chama John, um homem encantador), e ele me deu essa receita incrível. Foi maravilhoso porque, apesar de ter comido esse pudim muitas vezes, eu nunca tinha pensado no que havia nele. Por exemplo, quem sabia que levava tâmaras? Tenho a dizer, entretanto, que, neste pudim (ou bolo, que é o que ele realmente é), o essencial é a calda de caramelo. Quando você preparar a calda, talvez ache que fez demais. Acredite em mim, não fez.

Só por diversão, recomendo uma guarnição opcional. Sabe, umas balas sabor caramelo bem duras? Bem, desembrulhe 14 ou 15 delas e coloque-as em um saco plástico pequeno. Ponha o saco dentro de outro saco plástico, dê um nó e, então, pegue um martelo grande e bata nas balas com toda força, até reduzi-las a uma deliciosa poeira. Polvilhe sobre o pudim e a calda, antes de servir.

Serve 9 porções

Para o pudim
200g de tâmaras secas (peso sem os caroços)
1 colher de chá de bicarbonato de sódio
60g de manteiga
60g de açúcar
2 ovos
1 colher de chá de extrato de baunilha
150g de farinha de trigo com fermento

Para a calda de caramelo
175g de manteiga
175g de açúcar mascavo claro
210ml de creme de leite fresco

Para decorar (opcional)
14 a 15 balas de caramelo em farelos

Unte um tabuleiro quadrado de 20cm e preaqueça o forno a 180°C.

Descaroce as tâmaras e corte-as. Coloque-as em uma tigela com o bicarbonato de sódio e cubra com 200ml de água fervente para amaciar; depois escorra a água e bata as tâmaras no processador, até formarem um purê.

Enquanto isso, bata a manteiga e o açúcar até formar um creme claro. Adicione os ovos e o extrato de baunilha. Junte a farinha de trigo peneirada e o purê de tâmaras. Despeje a mistura no tabuleiro untado.

Asse por cerca de 30 a 35 minutos. Quando o bolo estiver pronto, vai parecer solado. Não se aflija. Lembre-se de que eu disse que o ponto forte desse bolo é a calda. Coloque a fôrma sobre uma grade para resfriamento.

Enquanto o pudim estiver esfriando, faça a calda de caramelo. Coloque a manteiga, o açúcar e o creme de leite em uma panela em fogo baixo até o açúcar dissolver e a manteiga derreter. Aumente um pouco o fogo e não pare de mexer. Depois de uns 10 minutos a calda vai engrossar e escurecer.

Desenforme o bolo e corte-o em nove quadrados do mesmo tamanho, encharcando-os de calda. Salpique sobre eles as balas esfareladas.

Mousse de Chocolate Simples

Esta é deslumbrante. Bela textura. Leve, aerada e — sim! — cremosa.

Serve 4 porções grandes ou 6 médias

200g de chocolate amargo (70% cacau)
4 ovos, separados
2 colheres de sopa de açúcar
225ml de creme de leite fresco

Para decorar (opcional)

creme chantilly em spray
chocolate granulado

Derreta o chocolate usando seu método preferido (ver página 20). Deixe-o esfriar um pouco e, então, acrescente uma das gemas e bata. Quando você sentir que ela foi totalmente absorvida, acrescente outra, e bata, e assim por diante, até ter acrescentado todas. Existe a possibilidade de a mistura ficar um tanto "sólida". Se você achar que está espessa demais, adicione uma colher de sopa de água. Duas até.

Em uma tigela separada, bata as quatro claras em neve. Adicione o açúcar e continue batendo, até formar picos firmes. Em outra tigela, bata o creme, até formar picos macios (sim, mais picos). Adicione um terço da mistura chocolate/gemas ao creme e misture bem. Adicione mais um terço, bata bem, e, então, o último terço. Agora, usando uma colher de metal grande, junte as claras em neve à mistura creme/chocolate, tentando misturar bem e, ao mesmo tempo, conservar o ar (uma tarefa quase impossível, se você quer saber, mas procuremos dar o melhor de nós).

Divida a mousse em quatro ou seis copos. Estou me referindo a copos comuns. Eu usei copos de 400ml, mas você pode usar copos menores ou maiores. O bom de usar copos é que você pode ver a mousse antes de saboreá-la, o que torna maior a emoção, eu acho.

Porém, sim, sinto dizer que há um porém — para todo crédito há um débito —; o lado negativo de usar copos é que a mousse respinga por dentro e por fora deles, e você tem que limpar a sujeira. Amigos, eu gastei *horas* e boa parte do rolo de papel toalha limpando cuidadosamente os copos para que ficassem em condições apresentáveis para os meus convidados. (Na verdade, eu não estava esperando convidados, vivo num mundo imaginário e estava planejando comer sozinha as quatro mousses.) Acho que poderia ter tornado as coisas mais fáceis para mim se tivesse usado copos de formatos diferentes, que fossem mais largos na borda que na base. Como sempre digo, eu erro para que vocês não precisem errar.

Deixe esfriar na geladeira por pelo menos três horas. Decore, se desejar, com creme chantilly e chocolate granulado, mas não há necessidade. A mousse tem uma aparência e um sabor maravilhosos mesmo sem enfeites.

Biscoito do Milionário segundo Ele

Ele não liga para doces. Mesmo assim, tem tido uma paciência monumental comigo, quando fico murmurando ao seu lado sobre açúcar de confeiteiro *versus* açúcar demerara *versus* melaço. Então, lá estávamos nós, eu testando ideias e, de alguma forma, a conversa foi parar em Biscoito do Milionário, e como devia ser difícil de fazer. Para minha surpresa, ele se mostrou animado e disse: "Não, é muito fácil! Eu fazia quando era adolescente!"

Sério? É como se eu tivesse descoberto que ele era argentino e tivesse tido uma bem-sucedida carreira como jogador de polo quando tinha 20 anos. Intrigada, quis saber detalhes, e o que vem em seguida foi ele que me passou.

Rende 16 cubos

Para a base

225g de farinha de trigo
80g de açúcar
175g de manteiga cortada em cubos

Para a camada de caramelo

400ml de leite condensado*
200g de manteiga
65ml de xarope de glucose (ou 4 colheres de sopa)

Para a cobertura de chocolate

150g de chocolate ao leite
150g de chocolate amargo (70% de cacau)

* A lata de 395ml é ótima. Você não vai precisar se preocupar com os 5ml que vão ficar faltando.

Unte um tabuleiro quadrado de 20cm e forre o fundo com papel-manteiga. Certifique-se de que o tabuleiro tenha, pelo menos, 6cm de altura. Preaqueça o forno a 160ºC.

Peneire a farinha em uma tigela. Acrescente o açúcar e a manteiga. Se tiver uma batedeira, bata tudo até a mistura ficar parecendo areia, mas cuidado para não bater demais — a mistura não deve virar uma massa. Coloque-a no tabuleiro e fure a superfície várias vezes com um garfo.

Asse por 30 a 40 minutos até começar a dourar. Não deixe assar demais, pois vai ficar dura e você terá problemas mais adiante quando for cortar. Deixe esfriar na grade.

Para a camada de caramelo, ponha o leite condensado, a manteiga e o xarope em uma panela e aqueça em fogo brando. Mexendo sempre, espere a temperatura subir ao ponto de ebulição e a mantenha por 5 a 8 minutos. Não se engane pensando que, se a manteiga derreteu, o caramelo já está pronto. Ele entrou na cozinha, deu uma olhada e disse: "Não, está muito claro", então voltei com a panela para o fogo por pelo menos mais 10 minutos. Não se entregue à tentação de aumentar um pouquinho o fogo! O caramelo deve ficar em fogo brando para evitar agarrar na panela ou queimar. Finalmente, a mistura vai engrossar, escurecer e se modificar, de modo que, quando você a deixar pingar da colher, ela formará fios finos na superfície do caramelo.

Despeje o caramelo sobre a base e deixe esfriar por cerca de uma hora. Para a cobertura, derreta o chocolate (ver página 20) e derrame sobre a camada de caramelo. Deixe descansar, mas não na geladeira, por pelo menos duas horas.

Retire da fôrma e, com cuidado, corte 16 cubos.

Bolo de Natal sem Medo
(Também conhecido como Bolo de Frutas Tradicional)

As palavras "Bolo de Natal" trazem uma avalanche de lembranças. O dia de fazer o Bolo de Natal era um dos mais importantes no calendário dos Keyes e, cá entre nós — o que talvez seja surpreendente —, nem sempre o mais alegre.

O bolo era feito, geralmente, cerca de um mês antes do Natal e, coitada da minha mãe, a tensão era terrível para ela. A questão toda era OBNPS (O Bolo Não Pode Solar). E, aparentemente, qualquer coisa — qualquer uma — poderia fazer o bolo solar. Qualquer barulho alto. Qualquer movimento súbito. Qualquer má notícia. Eu lembro que passávamos horas e horas e horas andando nas pontas dos pés pela casa às escuras, cochichando, a televisão e o rádio desligados. Em nenhuma circunstância poderia acontecer de um pé de sapato cair no chão ou de uma pessoa começar a cantar (o que era muito improvável, devido à tensão). E, se alguém abrisse a porta do forno, não era possível prever, *simplesmente não era possível*, que terríveis consequências adviriam.

Outra coisa de que me lembro vagamente — meu estômago, automaticamente, se contrai de medo gravado nas células — era do papel pardo. A fôrma tinha que estar forrada em várias camadas de papel pardo, que se elevavam muito acima da altura da própria fôrma. Como o silêncio, o papel pardo *era de vital importância* para o sucesso do bolo e tinha que ser preso com barbante. (Adoro esta palavra, barbante. Muito mais interessante que um mero cordão.) Nunca consegui entender inteiramente por que o papel pardo era tão necessário — acabei de ligar para minha mãe para perguntar e ela acha que tinha a ver com evitar que o bolo queimasse. (Mas ela demonstrou sintomas de TEPT — transtorno do estresse pós-traumático — quando tentei fazer com que ela falasse a respeito; portanto, ela não é a mais confiável das testemunhas. Ela me contou que, em determinado ano, ela estava tão oprimida pela responsabilidade de fazer o Bolo de Natal que desistiu completamente, e meus irmãos Niall e Tadhg chegaram da escola e a encontraram jogada no sofá; o bolo estava a meio caminho, e eles — sem nenhuma noção — tiveram que se encarregar da tarefa. Ela conta que, daquele dia terrível, a única coisa de que se lembra é de ter ouvido Tadgh dizer: "Coloque outro ovo." Um pouco depois, ouviu Niall dizer: "Coloca mais farinha." Ela não lembra como o bolo ficou, porque, diz ela, "De qualquer modo, nenhum de vocês o comeu. Vocês só gostavam dos doces que vinham em embalagens sortidas, não sei por que eu me preocupei".)

Enfim, diante desse comentário otimista, decidi retomar o Bolo de Natal. Este é muito parecido com a receita de minha mãe, exceto pelo medo.

Uma coisa muito importante para se observar é que você precisa começar a fazer esse bolo uma semana antes de assá-lo, porque esse é o tempo que as frutas secas precisam ficar de molho no conhaque. (Para ser totalmente sincera, se você está com pouco tempo, deixe as frutas de molho da noite para o dia, que deve bastar.)

...

Rende 14-16 fatias

450g de groselhas
200g de passas brancas
200g de passas pretas
125g de cerejas cristalizadas
75g de frutas cristalizadas misturadas
1 copo de conhaque
275g de manteiga, em temperatura ambiente
275g de açúcar mascavo claro
5 ovos
350g de farinha de trigo
1 colher de chá de mix de especiarias em pó
1 colher de chá de canela em pó
1 colher de chá de gengibre em pó
1/2 colher de chá de noz-moscada em pó
uma pitada de sal
75g de amêndoas moídas
raspas de um limão-siciliano

Coloque as cerejas, as groselhas, as passas brancas, as passas pretas e as frutas cristalizadas em uma tigela e acrescente o copo de conhaque. Cubra a tigela com um pano de prato e deixe de molho. Mexa diariamente de modo que, como diz minha mãe, "Tudo tenha uma chance".

No grande dia, comece preparando a fôrma. Use um tabuleiro quadrado de 20cm ou uma fôrma circular de 23cm. Unte a fôrma com manteiga, forrando-a em seguida com duas camadas de papel-manteiga e certifique-se de que o papel fique, pelo menos, 6cm acima da borda da fôrma. Preaqueça o forno a 150ºC.

Bata a manteiga com o açúcar até que a mistura fique leve, clara e fofa. Em outra tigela, bata os ovos e adicione-os, aos poucos, à mistura de manteiga e açúcar, sempre batendo. Se talhar, acrescente 1 colher de sopa de farinha de trigo e continue batendo. Peneire a farinha, as especiarias e o sal dentro da tigela da massa e misture com a mão. Finalmente, acrescente as frutas embebidas no conhaque, as amêndoas moídas e as raspas do limão. Como diz minha mãe: "Para isso, você precisa de um braço direito forte." (A não ser que você seja canhoto, é claro.)

Coloque a mistura na fôrma e alise o melhor possível a parte de cima da massa; em seguida, forre a parte externa da fôrma com outra camada de papel-manteiga — amarre com um barbante, claro. Ou cordão, se não conseguir o barbante. Por fim, da melhor forma possível, pois é inegável que se trata de uma tarefa complicada, coloque uma camada de papel-manteiga na parte de cima da fôrma, de modo que toda ela fique envolta em papel-manteiga. Tudo isso para evitar que a parte de cima do bolo queime durante o longo processo de cozimento no forno.

Asse durante 4 horas; então, faça o Teste do Palito (ver página 23). Talvez o bolo ainda não esteja assado. Use seu bom senso e teste de tempos em tempos — talvez de 15 em 15 minutos —, até ter certeza de que o bolo está completamente assado. Não se preocupe se levar muito tempo. O bolo realmente demora séculos, é um empreendimento colossal: simples assim. Ponha a fôrma em uma grade e espere até o bolo esfriar inteiramente antes de começar o longo processo de desembrulhá-lo. Sirva-o assim, e ele deve estar delicioso e com um intenso sabor de frutas.

Pudim de Pão com Manteiga

Sempre dizem que o Pudim de Pão com Manteiga é um dos "favoritos das donas de casa". Um "jeito muito econômico de acabar com o pão dormido", mas o Pudim de Pão com Manteiga é delicioso, não é? Ou melhor, é FANTÁSTICO!

Tentei, ao máximo, manter "Clássicas" todas as receitas desta seção. Mas aqui sugiro acrescentar gotas de chocolate. Por favor, não briguem comigo por conta dessa pequena liberdade.

Rende 4-6 porções

10 fatias de pão de forma
50g de manteiga, em temperatura ambiente
100g de passas
100g de gotas de chocolate
1/4 de colher de chá de noz-moscada ralada na hora

Para o creme

300ml de leite
100ml de creme de leite fresco
2 ovos
20g de açúcar
1 colher de chá de extrato de baunilha
2 colheres de chá de açúcar demerara

Unte muito generosamente com manteiga uma fôrma de torta de 1 litro e preaqueça o forno a 180ºC. Retire as cascas do pão, passe manteiga em um lado das fatias, depois corte-as em triângulos. Reserve-as, juntamente com as passas, as gotas de chocolate e a noz-moscada. Agora, vamos ao creme.

Em uma panela, aqueça o leite e o creme de leite, mas não os deixe ferver. Em outra tigela, bata os ovos com o açúcar e o extrato de baunilha até obter uma mistura clara e fofa. Acrescente, devagar, um pouco do leite aquecido à mistura dos ovos e bata bem. Repita a operação até ter acrescentado todo o leite. Não espere engrossar, pois isso não vai acontecer. Não se preocupe, o creme vai encorpar enquanto estiver no forno.

Agora, voltemos ao pão. Cubra a base da fôrma com uma camada de triângulos de pão, com o lado com manteiga voltado para cima. Faça com que se sobreponham ligeiramente, para não deixar brechas e o fundo da fôrma fique completamente coberto. Salpique o pão com um terço das passas e um terço do chocolate, depois polvilhe um pouco de noz-moscada. Em seguida, com muito cuidado, derrame por cima um pouco do creme, o suficiente para cobrir o pão.

Agora coloque outra camada de triângulos de pão e repita a operação.

Em seguida, faça a terceira e última camada de triângulos de pão, passas, gotas de chocolate e noz-moscada. Agora, derrame cuidadosamente o restante do creme sobre todo o conjunto, certificando-se de que fique uniformemente espalhado e de que as beiradas estejam encharcadas, porque elas são as partes mais suscetíveis de ressecar durante o processo de cozimento no forno. Polvilhe a superfície com o açúcar demerara.

Asse durante 40 a 45 minutos. A superfície deverá ficar marrom-dourada e o creme, encorpado.

CUPCAKES

Cupcakes de Morango Doces e Simples

Cupcakes de Segundo Escalão com Gotas de Chocolate

Cupcakes Consistentemente Confiáveis

Cupcakes Blondies

Cupcakes de Bolo de Cenoura

Cupcakes de Anis-estrelado Ligeiramente Sinistros

Cupcakes de Banana e Caramelo da Zeny

Cupcakes de Cheesecake de Chocolate

Cupcakes Red Velvet com Espirais

Cupcakes de Wasabi e Chocolate Branco
com Cobertura de Caramelo Salgado

Tudo bem, eu sei que os **CUPCAKES** viraram uma espécie de praga, quer dizer, fomos invadidos por essas coisas. A gente não consegue andar cinco metros sem tropeçar em um deles. Mas a onipresença se explica: são adoráveis. Têm um tamanho excelente, são pequenos, independentes e não fazem sujeira, já que não precisamos de faca ou prato para comê-los. E podem ser enfeitados das maneiras mais encantadoras. Chegaremos lá.

Para um iniciante na arte de fazer bolos, os cupcakes são o máximo, porque os ingredientes são básicos e as técnicas, simples. Os quatro ingredientes básicos são farinha de trigo, açúcar, ovos e algum tipo de gordura, geralmente manteiga. O sabor fica por sua conta: pode ser simples, com uma colher de chá de extrato de baunilha, ou você pode fazer experiências com chocolate, frutas, nozes, cascas de frutas cítricas e até pequenos pedaços de alcaçuz.

Quanto à técnica, antes de começar, certifique-se de que a manteiga e os ovos estejam em temperatura ambiente. Bata a manteiga e o açúcar para formarem um creme; isto é, bater com vontade até que "os dois se tornem um" e o creme fique fofo e claro. O que você está fazendo é aerar a massa, o que contribuirá para que o resultado final seja leve e fofo. É preciso bater sempre os ovos antes de acrescentá-los à mistura e SEMPRE peneirar a farinha. Até já ouvi falar de pessoas que peneiram duas e até três vezes a farinha (isto é, peneiram a farinha em um prato, depois tornam a colocá-la na peneira e a peneira de novo no prato e, finalmente, tornam a peneirá-la na tigela onde está a mistura, tudo isso numa tentativa de incorporar mais ar à massa). Mesmo para aqueles de nós que buscam qualquer tarefa para passar o dia, isso me parece um pouco excessivo.

Quando a farinha tiver sido peneirada sobre a mistura, chegou a hora de mudar o ritmo. Não vamos mais mexer com vontade. Agora tudo deverá ser delicado. É que agora estamos "incorporando" a farinha, isto é, estamos colocando-a na mistura, com a menor força possível. Isto ainda tem relação com o "ar" — não queremos eliminar o ar que gastamos tempo e trabalho para incorporar. Algumas pessoas sugerem o uso de uma colher de metal para essa operação, mas eu prefiro a minha espátula violeta de silicone, porque ela penetra todos os cantinhos e brechas.

Usando duas colheres de sopa — uma para pegar a massa e outra para raspar a massa da primeira colher —, coloque a massa nas forminhas de cupcakes. A regra geral é encher dois terços das forminhas para deixar espaço para o aclamado "crescimento", mas, em algumas receitas daqui, eu saio dos trilhos e dou outras sugestões.

Agora, uma palavrinha sobre as fôrmas de cupcakes. Não há tamanho padrão. Quando alguém me disse essa simples verdade, foi como se eu tivesse descoberto o segredo do universo. Instintivamente, eu sabia que havia alguma coisa que eu não estava entendendo quando derramava as colheradas de massa nas fôrmas de papel, mas não sabia exatamente o quê. Agora descobri que há diversas larguras na base, diversas larguras na parte superior, diferentes profundidades nas "dobrinhas" e alturas diferentes. Tudo diferente. Sabe Deus quantas variáveis temos em mãos, e não há certo ou errado. O importante é saber com o que estamos lidando. Pessoalmente, eu prefiro as fôrmas de papel mais altas e mais estreitas, mas cada um com as suas preferências.

Asse na temperatura sugerida, pelo tempo sugerido, mas, se você não tem certeza de que estão assados, faça o Teste do Palito (ver página 23). Coloque a bandeja de forminhas em uma grade durante cerca de 10 minutos para esfriar. Depois, com todo cuidado, pois os cupcakes ainda estão pouco firmes, como qualquer recém-nascido, tire da bandeja cada cupcake, ainda em sua fôrma de papel, mas mantenha-o esfriando na grade por cerca de meia hora. Agora você pode servi-los como estão ou decorá-los com uma cobertura (ver página 51 o Glacê básico e a cobertura de Creme de Manteiga), a escolha é sua.

Cobertura de Creme de Manteiga

A cobertura de creme de manteiga pode ser usada com saco de confeitar, ou para dar "altura" ao cupcake.

Cobre 12-16 cupcakes, dependendo da sua generosidade

250g de manteiga, em temperatura ambiente
350g de açúcar de confeiteiro
1 colher de chá de extrato de baunilha*
corante alimentício em gel ou líquido (opcional)

* Você pode usar uma variedade grande de aromatizantes, não precisa ser baunilha.

Corte a manteiga, em pedaços, numa tigela. Peneire devagar o açúcar, dentro da tigela. Usando um mixer ou uma batedeira em velocidade muito baixa, bata a mistura. (O motivo para a velocidade baixa é, mais uma vez, o maldito açúcar de confeiteiro.) Uma dica interessante é jogar um pano de prato limpo sobre a batedeira para limitar a distância em que o açúcar de confeiteiro se deslocará pelo ar.

Quando o açúcar de confeiteiro estiver integrado à mistura, você pode aumentar a velocidade até que a cobertura esteja lisa e cremosa. Acrescente a baunilha e o corante, se for usá-lo, e bata mais.

Cobertura básica de glacê

A cobertura de glacê é fácil de fazer e dá um acabamento plano.

Cobre 12 cupcakes

300g de açúcar de confeiteiro
2-3 colheres de sopa de água ou suco de limão
corante alimentício em gel *

* Tem que ser corante em gel, e não líquido, pois este último interfere na fluidez da cobertura.

Peneire devagar o açúcar, dentro de uma tigela grande — devagar porque ele forma uma grande nuvem e se espalha por todos os lugares (minha casa inteira está coberta com uma camada fina dele).

Acrescente, aos poucos, a água ou o suco e bata com movimentos rápidos, até atingir a fluidez que você deseja, sempre lembrando que poderá acrescentar mais líquido se quiser, mas não poderá retirá-lo. Se achar que a cobertura ficou muito aguada, acrescente mais açúcar. Tenha em mente, também, que esse açúcar costuma empedrar e que, quanto mais tempo você bater, mais torrões serão desfeitos e a cobertura ficará mais espessa. Se for usar o corante em gel, adicione-o com um palito.

Use esta cobertura imediatamente, pois ela endurece depressa. Há duas maneiras (que eu saiba) de decorar cupcakes com glacê:

Você pode mergulhar o cupcake de cabeça para baixo na tigela de cobertura. Dê uma sacudida para que o excesso da cobertura caia, e, então, vire o cupcake de cabeça para cima. OU

Use simplesmente uma colher para derramar a cobertura sobre o cupcake e uma faca para alisá-la uniformemente sobre a superfície.

Cupcakes de Morango Doces e Simples

Estes são pequenos prazeres deliciosos. Rápidos e fáceis de fazer, ficam superleves e fofos, e os morangos frescos são uma doce surpresa.

Rende 12 cupcakes
200g de morangos frescos
100ml de óleo de girassol
90g de açúcar
2 ovos
180g de farinha de trigo
3/4 de colher de chá de bicarbonato de sódio

Preaqueça o forno a 180ºC e forre uma bandeja de cupcakes de 12 cavidades com forminhas de papel ou de silicone. Lave e descasque os morangos e amasse-os até que virem uma polpa.

Bata o óleo, o açúcar e os ovos por alguns minutos, até que a mistura pareça caramelada. Acrescente os morangos amassados, a farinha e o bicarbonato de sódio peneirados, e misture com delicadeza.

Divida a mistura entre as forminhas e asse por cerca de 20 minutos. Esfrie em uma grade e decore com alguma cobertura rosa.

Cupcakes de Segundo Escalão com Gotas de Chocolate

Quanto mais gordura uma receita leva, mais rica e deliciosa ela é. Porque esta receita leva apenas um ovo, uma pequena quantidade de manteiga e cacau em pó no lugar de chocolate derretido, ela não será a coisa mais substanciosa que você já provou, mas — sabe de uma coisa? — fará bonito. Quer dizer, não será desagradável ou coisa parecida. É rápida e fácil e boa para se servir às crianças, porque elas não se preocupam com detalhes. Principalmente se você salpicar um pouco de brilho sobre o produto final. Ou, então, você pode contrabalançar a receita usando uma cobertura super-rica em chocolate.

Rende 12 cupcakes

100g de farinha de trigo com fermento
20g de cacau em pó (70% cacau)
140g de açúcar
50g de manteiga
120ml de leite integral*
1 ovo
1/2 colher de chá de extrato de baunilha
100g de gotas de chocolate ao leite (opcional)

Para a cobertura (opcional)

100g de chocolate amargo
55g de manteiga, cortada em cubos
255g de açúcar de confeiteiro
65ml de leite integral
1/2 colher de chá de extrato de baunilha

* Tem que ser integral. Tem que ser!

Preaqueça o forno a 170ºC e forre uma bandeja de 12 cavidades de cupcakes com forminhas de papel.

Misture a farinha, o cacau em pó, o açúcar e a manteiga até que esta seja absorvida e toda a mistura comece a ficar granulada. Você pode fazer isso à mão, usando um mixer, ou uma batedeira, usando a pá acessória.

Em uma tigela separada, bata o leite, os ovos e a baunilha com movimentos rápidos, depois, acrescente a mistura da farinha, tomando cuidado para não misturar demais. Jogue as gotas de chocolate na massa, se usá-las, e distribua-as uniformemente.

Divida a mistura nas fôrmas de papel e asse por cerca de 20 minutos, até os cupcakes "responderem" quando pressionados. Ou faça o Teste do Palito (ver página 23). Deixe esfriar em uma grade.

Faça a cobertura (opcional) derretendo o chocolate e a manteiga em uma panela, em fogo muito baixo, mexendo constantemente, até derreterem. Retire a panela do fogo e vá acrescentando, aos poucos, e batendo, o açúcar de confeiteiro, o leite e a baunilha, fazendo movimentos rápidos, até a mistura ficar lisa. Se você perceber que a cobertura está muito fluida para ser usada imediatamente, coloque-a na geladeira durante 15 a 20 minutos.

Uma advertência: devido ao baixo teor de gordura, esses cupcakes não duram muito, mesmo em uma lata hermética.

Cupcakes Consistentemente Confiáveis

São criaturinhas muito confiáveis, estes cupcakes. Sempre ficam bons — com a umidade necessária, a leveza certa, a consistência exata. Usei baunilha aqui, mas é grande a variedade de aromatizantes disponíveis. No final, dou sugestões de algumas variações. Recomendo que a cobertura destes cupcakes seja de creme de manteiga.

Rende 12 cupcakes

125g de manteiga, em temperatura ambiente
125g de açúcar
2 ovos batidos
1 fava de baunilha*
125g de farinha de trigo com fermento

Cobertura de creme de manteiga

225g de manteiga, em temperatura ambiente
300g de açúcar de confeiteiro
1 colher de chá de extrato de baunilha
corante alimentício em gel ou líquido (opcional)
glitter ou açúcar colorido (também opcionais, mas por que não experimentá-los?)

* Se isso é exótico demais e assustador, use uma colher de chá de extrato de baunilha. Mas, de preferência, não de essência de baunilha, que é apenas um monte de componentes químicos.

Preaqueça seu forno a 160ºC se quiser bolinhos com a parte de cima plana, ou a 180ºC, se os quiser com o topo arredondado. Forre uma bandeja de cupcakes de 12 cavidades com fôrmas de papel. IMPORTANTE: escolha, de preferência, cores e desenhos bonitos, que o deixarão feliz.

Coloque a manteiga na tigela e bata com vontade com uma batedeira, raspando de vez em quando as pás com a sua espátula de silicone violeta (ver página 16). Quando você começar a ficar entediado — talvez depois de uns cinco minutos —, acrescente o açúcar e continue batendo, até a mistura ficar clara e fofa.

Acrescente, aos poucos, os ovos, batendo bem a cada vez. Agora se prepare: a mistura poderá coalhar um pouco, mas NÃO ENTRE EM PÂNICO. Você não fez nada errado, não é culpa sua. São coisas da vida, isso acontece com os melhores doceiros. Simplesmente, peneire um pouco de farinha e acrescente à massa, batendo vigorosamente. Logo o problema desaparecerá. Se tudo na vida pudesse ser consertado assim!

Agora, a fava de baunilha, que não é assustadora como pode parecer. Corte-a ao longo do comprimento e você descobrirá uma porção de sementes dentro. Use uma faca para retirar as sementes e jogue-as na mistura. Descarte o restante.

Abandone a batedeira, peneire a farinha e depois incorpore-a delicadamente à mistura, mexendo o mínimo possível com a espátula de silicone (ou com a colher de metal). Quando você não conseguir enxergar mais nenhuma farinha na tigela, está pronta para seguir em frente. Use duas colheres de sopa para distribuir a mistura nas fôrmas de cupcakes, preenchendo, aproximadamente, dois terços de cada fôrma.

Asse à temperatura de 160ºC durante 22 minutos, ou a 180ºC por 18 a 20 minutos. Deixe-os esfriar sobre uma grade e guarde-os em seguida em uma lata hermética. Eles devem durar em torno de um dia. Um pouco mais, se a sua lata for estampada com bolinhas.

Para fazer a cobertura, corte a manteiga em pedaços em uma tigela e peneire lentamente o açúcar de confeiteiro sobre a manteiga. Com velocidade muito lenta, bata os dois. Quando o açúcar estiver integrado à manteiga, aumente a velocidade, até a cobertura ficar lisa e cremosa. Acrescente o extrato de baunilha e o corante, se for usar, e bata novamente.

Use uma espátula para espalhar a cobertura sobre os cupcakes. Ou, se você for corajoso, use um saco de confeitar com um bico com a forma de estrela e faça grandes espirais. Termine salpicando um pouco de glitter, açúcar colorido ou qualquer outra coisa que queira.

Variações

Tirando a fava de baunilha, você pode usar a base da receita para preparar uma variedade de sabores. Por exemplo, se gosta do sabor de laranja, acrescente raspas de meia casca de laranja. Ou acrescente uma colher de café solúvel dissolvida em duas colheres de sopa de água fervendo para obter o sabor de café (esfrie um pouco o café antes de acrescentá-lo à mistura, para não cozinhar os ovos). Ou peneire uma colher de chá de gengibre junto com a farinha para obter aroma de gengibre e assim por diante.

Cupcakes Blondies

Blondies são *brownies* feitos com chocolate branco que — você provavelmente sabe, se for louco por chocolate como eu — têm um sabor mais suave e doce que o chocolate ao leite ou o chocolate amargo. No entanto, não subestime estes cupcakes. Não são inócuos como podem parecer à primeira vista. São muito saborosos, e o adorável crocante das nozes de macadâmia realmente os torna maravilhosos.

Rende 12 cupcakes generosos ou 16 cupcakes médios

100g de manteiga
300g de chocolate branco
100g de nozes de macadâmia*
3 ovos
100g de açúcar mascavo
1 colher de chá de extrato de baunilha
180g de farinha de trigo
1 colher de chá de fermento em pó
uma pitada de sal

Forre uma ou duas bandejas de cupcakes de 12 cavidades com fôrmas de papel e preaqueça o forno a 170°C.

Derreta a manteiga e 200g do chocolate branco em banho-maria, lembrando que o chocolate branco queima num piscar de olhos. Fique atento e mexa com frequência.

Corte em pedaços os restantes 100g de chocolate branco e as nozes de macadâmia e reserve. Bata os ovos com o açúcar até a mistura engrossar e ficar cremosa. Acrescente o extrato de baunilha e o chocolate derretido com a manteiga.

Acrescente a farinha, o fermento e o sal, peneirando-os, e mexa com cuidado. Adicione delicadamente os pedaços de chocolate restantes e os de noz de macadâmia.

Distribua a mistura nas fôrmas de papel e asse por cerca de 20 minutos. Esfrie em uma grade. Sirva, observando a fisionomia de seus convidados, no início indiferente, adquirir expressões de admiração e respeito.

---

* Se você conseguir achá-las; se não, use avelãs.

Cupcakes de Bolo de Cenoura

Tão boas para a vista, as cenouras.

Rende 12 cupcakes

50g de nozes*
150g de cenouras
150g de açúcar mascavo claro
2 ovos médios
150ml de óleo de girassol
150g de farinha de trigo
1 colher de chá de bicarbonato de sódio
1 colher de chá de fermento em pó
1 colher de chá de gengibre em pó
1 colher de chá de canela em pó
1 colher de chá de noz-moscada em pó

Para a cobertura

60g de manteiga em temperatura ambiente
225g de cream cheese
125g de açúcar de confeiteiro
1 colher de chá de extrato de baunilha
corante alimentício verde

Para decorar (opcional)

12 colheres de sopa de cereal matinal de chocolate
glitter comestível, verde, laranja e bronze
Cerca de 30 cenouras de marzipã

* Se você realmente achar que tem que usar, eu pessoalmente não consigo tolerá-las.

Forre uma bandeja de cupcakes com 12 cavidades com forminhas de papel e preaqueça o forno a 170°C. Pique as nozes — vá em frente, faça-as realmente sofrer. (Desculpe, perdoe, eu tenho uma "coisa" com nozes, embora outras pessoas adorem.) Reserve-as. Descasque e rale bem fino as cenouras, e reserve também.

Bata juntos o açúcar, os ovos e o óleo, até que a mistura pareça um caramelo escuro. Peneire a farinha, o bicarbonato de sódio, o fermento em pó, o gengibre, a canela e a noz-moscada e misture bem. Junte as nozes picadas e a cenoura ralada e mexa até sentir que tudo está uniformemente distribuído.

Divida a mistura igualmente nas forminhas. Ficarão bem cheias, mas não se preocupe, a massa é densa demais para crescer muito. Asse durante 18 a 25 minutos. Esfrie em uma grade.

É perfeitamente aceitável servir os cupcakes como estão. Você não precisa fazer mais nada. Mas, se estiver com disposição para criar algo bonito, confeite-os do modo sugerido abaixo.

Faça a cobertura batendo a manteiga com o cream cheese. Quando estiverem bem misturados, acrescente o açúcar de confeiteiro, peneirando-o, e bata devagar. Quando sentir que está tudo misturado, junte o extrato de baunilha e bata novamente. Acrescente o corante verde até conseguir a cor que deseja. É para representar a grama, mas eu gosto de tudo maior que a realidade. Usando uma espátula pequena, se você tem a sorte de ter uma, distribua a cobertura sobre os cupcakes.

Se você resolver que quer decorar mais, espalhe brilho verde sobre a metade da cobertura verde. Na outra metade, espalhe o cereal, tomando cuidado para apertá-los na cobertura para que não caiam. Espete as cenouras de marzipã, deixando a parte maior de cada uma delas no lado da "grama" verde e a parte mais estreita "nascendo" da "terra" de cereal de chocolate. Espalhe um pouco de glitter laranja sobre as cenouras e glitter bronze sobre o cereal. Sirva e espere muitos elogios.

Cupcakes de Anis-estrelado Ligeiramente Sinistros

Anis-estrelado é um tipo de condimento, com um sabor de alcaçuz doce, que pode ser encontrado em lojas de comida asiática. Sugiro também acrescentar pedaços de alcaçuz a esta receita, mas, se você achar que é demais, reduza a quantidade ou simplesmente deixe-o de fora. Algumas pessoas (principalmente os amantes de jazz, eu descobri) são loucas por esses cupcakes, e dizem que são os seus favoritos absolutos; porém, outras ficam um tanto descontroladas. Principalmente as crianças. Às vezes, elas choram.

Somente uma rápida observação sobre pasta americana, caso você não saiba o que é. É um tijolo espesso de cobertura que precisa ser amassado e amaciado, e, depois, aberto com rolo. Para fazer uma pasta americana preta, misture-a com gel corante extrapreto. Por favor, não se intimide com a pasta americana, ela fica fantástica na cobertura de bolos.

Rende 12 cupcakes

4 anis-estrelados
200ml de leite integral
115g de manteiga
150g de açúcar
2 ovos
1/2 colher de chá de extrato de baunilha
170g de farinha de trigo
1/2 colher de chá de fermento em pó
uma pitada de sal
100g de alcaçuz preto e macio, sabor original, cortado muito fino

Para a cobertura

150g de pasta americana preta
cola comestível OU geleia de damasco fervida e coada (para colar a pasta de açúcar nos cupcakes)
5-6 pedaços de alcaçuz preto e macio, cortados bem finos

Amasse o anis-estrelado com um batedor de carne ou qualquer instrumento robusto que você tenha à mão. Despeje o leite numa panela e acrescente o anis macerado. "Escalde" o leite (ver página 21) e deixe descansar, pelo menos uma hora, para que o sabor de alcaçuz do anis-estrelado entranhe no leite.

Quando passar uma hora, preaqueça o forno a 180ºC e forre uma bandeja de cupcakes de 12 cavidades com forminhas de papel, de preferência de cor escura (preto seria o ideal).

Bata a manteiga e o açúcar até obter um creme, depois adicione os ovos e o extrato de baunilha. Junte a farinha, o fermento em pó e o sal, peneirando-os. Coe o leite, acrescentando-o à mistura e deixando os pedaços de anis de fora. Descarte-os. Mexa a massa cuidadosamente, até que toda a farinha esteja integrada, então, junte os pedacinhos de alcaçuz picado, distribuindo-os uniformemente.

Divida a massa nas forminhas de cupcakes, asse por cerca de 20 minutos, depois, esfrie sobre a grade.

Você pode servi-los sem confeitar, mas, se quiser decorá-los, espalhe açúcar de confeiteiro em uma superfície e abra a pasta de açúcar com um rolo. Usando um cortador de biscoitos de sua vergonhosamente enorme coleção (se você for como eu), corte 12 círculos, um pouco maiores que a parte de cima dos cupcakes. Cole os círculos de pasta de açúcar nos cupcakes usando cola comestível ou geleia de damasco. Coloque os pedaços de alcaçuz no alto dos cupcakes (veja a foto dos bolinhos na página 61). Coma vestindo uma camisa preta de gola alta e ouvindo Miles Davis.

Cupcakes de Banana e Caramelo da Zeny

Estes não são meros cupcakes, são *eventos*: pão de ló de banana com recheio de doce de leite e deliciosa cobertura de cream cheese com sabor de caramelo.

Eu tinha comprado uma grande penca de bananas com a vaga esperança de que o potássio pudesse me ajudar, mas depois não tive energia para descascá-las. Elas estavam na bancada de trabalho, ficando cada vez mais maduras, enquanto eu me sentia cada vez mais culpada, e, então, minha adorável amiga Beth apareceu e, por iniciativa própria, escreveu a receita infalível de pão de banana de sua irmã Zeny e, subitamente, eu me senti revigorada.

Adaptei ligeiramente a receita para adequá-la melhor a cupcakes, e acrescentei caramelo, mas, obviamente, você pode deixá-lo de fora e ainda ter cupcakes de banana monumentalmente deliciosos.

Primeiramente, uma palavra sobre doce de leite. É uma sobremesa argentina. (Veja você, a única vez em que estive na Argentina comi doce de leite no café da manhã, mas esse é o meu estilo.) É uma coisa deliciosa, pegajosa, com jeito de caramelo toffee e com a textura de um creme mais espesso. Você mesmo, pode fazê-lo, mas é uma tarefa diabolicamente entediante, porque significa ficar perto de uma panela com leite, em fogo brando, a maior parte de um dia. Também acho que pode ser feito cozinhando uma lata de leite condensado durante quatro horas, mas depois li uma história de terror na internet sobre a panela de alguém cuja água secou e a lata de leite condensado explodiu. Portanto, compro meu doce de leite pronto. Naturalmente que existem muitos tipos disponíveis, variando em qualidade e autenticidade — há produtos de alta classe, feitos artesanalmente por *gauchos* que dançam tango usando sapatos que pertenceram ao vizinho de porta de Eva Perón. Ou você pode comprar o doce em lata, produzido em grande escala, mas também delicioso.

Rende 12 cupcakes

- 125g de manteiga
- 125g de açúcar
- 2 ovos batidos
- 3 ou 4 bananas muito maduras
- 125g de farinha de trigo
- aproximadamente 500g de doce de leite (você só vai precisar de cerca de 80g para os bolinhos, mas pode usar o restante na cobertura)

Preaqueça o forno a 170°C e forre uma bandeja de cupcakes de 12 cavidades com forminhas de papel.

Bata a manteiga e o açúcar até formarem um creme claro e fofo; depois, acrescente delicadamente os ovos batidos. Amasse as bananas e adicione à mistura; em seguida, acrescente a farinha, peneirando-a, e mexa até que seja totalmente absorvida.

Agora começa o desafio. Usando duas colheres de sopa e, às vezes, até os dedos, distribua cerca de dois terços da massa nas forminhas de papel, certificando-se de que o fundo esteja inteiramente coberto. Então — e essa é a parte mais complicada —, coloque delicadamente uma porção pequena e redonda de doce de leite no meio de cada cupcake. (Uso um utensílio de fazer bolinhas de melão.)

...

Para a cobertura

50g de manteiga
90g de cream cheese
180g de açúcar de confeiteiro

Em seguida — use os dedos novamente, se precisar; este é um trabalho delicado —, distribua o restante da massa nas forminhas, cobrindo completamente o doce de leite e certificando-se de que as bordas da camada do fundo do cupcake estejam unidas à camada de cima. A ideia é que você está fazendo uma bombinha de doce de leite. Externamente, ele se parece com um cupcake comum. Mas, então, a gente o morde e... oh!, uma deliciosa surpresa, com gosto de caramelo, nos aguarda dentro do cupcake.

Serei sincera: fazer isso corretamente pode ser difícil, porque você não quer que o doce de leite vá para o fundo e transborde. A questão é fazer a camada de base suficientemente espessa para aguentar o peso, e ter bastante massa de sobra para tampar os cupcakes e fechar todo o pequeno invólucro.

O segredo é a prática. Prática e paciência. Prática, paciência e perseverança. Prática, paciência, perseverança e persistência. (Será que consigo pensar em mais alguma coisa que comece com "p"? "Parabéns.", que tal essa? Parabéns aos bolinhos por terem conseguido conter o doce de leite. Tudo tem a ver com afirmações positivas. Se você lhes disser que eles vão conseguir conter o doce de leite, então, eles vão acreditar.)

Asse por 25 minutos, no mínimo, talvez até por meia hora. Sei que parece muito tempo, mas é por causa das bananas.

Agora, vamos à cobertura. Você pode manter as coisas simples e colocar somente uma camada de doce de leite em cima de cada bolinho. Ou pode tornar as coisas um pouco mais complicadas diluindo o doce de leite em cobertura de cream cheese.

Misture 400g de doce de leite com a manteiga, o cream cheese e o açúcar de confeiteiro, até que a mistura esteja cremosa e espessa, e, então, espalhe-a sobre os cupcakes. Ou, se você está disposto a enfrentar um desafio maior, ponha toda a mistura em um saco de confeitar com um bico em forma de estrela e aperte-o, formando grandes, gordas e fabulosas espirais.

Cupcakes de Cheesecake de Chocolate

Estes aqui são muito especiais — não são na verdade cupcakes, são minicheesecakes, mas no formato de cupcakes (embora sem a base de biscoito) —, e são *deliciosos*.

Rende 12 cupcakes

100g de chocolate amargo (70% cacau)
250g de queijo mascarpone
200g de cream cheese integral*
100g de açúcar
2 ovos
1 colher de chá de extrato de baunilha
100g de raspas de chocolate ao leite

* Não é a versão com baixo teor de gordura; nem a temperada com alho e ervas.

Forre uma bandeja de cupcakes de 12 cavidades com forminhas de papel e preaqueça o forno a 150ºC.

Derreta o chocolate usando seu método preferido (ver página 20). Bata os queijos, depois, acrescente o açúcar, os ovos e o extrato de baunilha, e bata novamente. Usando sua espátula de silicone violeta (ver página 16), junte o chocolate derretido e mexa bem; em seguida, coloque as raspas de chocolate na massa, esforçando-se ao máximo para distribuí-las uniformemente, mas não fique com TOC por causa disso.

Divida a mistura entre as forminhas. Encha generosamente. Você pode ter um momento de pânico, ao pensar que é massa demais, mas o fato é que esses cupcakes, na verdade, não crescem, portanto, não há problema em encher quase até a borda.

Agora vamos fazer uma coisa que parece mais complicada do que realmente é: colocar esses cupcakes em banho-maria. Basicamente, deposite sua bandeja de cupcakes dentro de uma fôrma maior e mais funda (como uma assadeira, por exemplo). Despeje água quente — não fervendo — na assadeira, de modo que alcance três quartos da altura da bandeja de cupcakes, depois coloque — com muito cuidado — no forno.

Asse por 40 minutos. Então — novamente com grande cuidado, de fato com um cuidado maior, pois agora a água está escaldante —, tire tudo do forno. Despeje a água e coloque a bandeja de cupcakes em uma grade para resfriamento. Espere cerca de uma hora antes de tirar os cupcakes da fôrma, porque eles têm que "assentar". Você não pode comê-los logo, pois eles precisam ir para a geladeira. Você vai aguentar deixá-los na geladeira de um dia para o outro?

Sirva com uma porção de creme de leite batido e, quer saber de uma coisa?, esses cupcakes podem não parecer nada de especial, mas quando as pessoas dão uma mordida, elas parecem congelar, e aí gritam: "Oh, meu bom Deus, o que foi que aconteceu?" E em seguida estão destroçando os cupcakes com as unhas, enfiando-os na boca e pedindo mais.

Cupcakes Red Velvet com Espirais

Segundo minha pesquisa, os Red Velvets remontam aos velhos tempos em que o cacau em pó tinha uma coloração muito mais clara que a de hoje. Durante o processo de cozimento, o ácido na massa (às vezes, como nesta receita, do vinagre) reagia quimicamente e criava a cor vermelha característica. Hoje em dia, no entanto, sendo o cacau em pó tão escuro, a cor vermelha é fornecida por corante alimentício. Mas a delícia continua a mesma.

Parece ser fato consagrado que Red Velvets são servidos com cobertura de cream cheese, mas eu fiz uma pequena experiência aqui e acrescentei uma camada de cream cheese à mistura; portanto, a cobertura é parte integrante, se você me entende. Ela é uma espiral que atravessa o cupcake e é assada dentro de cada bolinho, o que não só fica bonito como também significa que você não precisa fazer nenhuma cobertura ou decoração no final.

Rende 12 cupcakes

Para a camada de red velvets

110g de manteiga
170g de açúcar
1 colher de chá de extrato de baunilha
40g de cacau em pó
uma pitada de sal
1 colher de sopa de corante alimentício vermelho
1 colher de chá de vinagre de vinho branco
2 ovos
160g de farinha de trigo com fermento

Para a camada de cream cheese

200g de cream cheese
1 ovo
40g de açúcar
1/2 colher de chá de extrato de baunilha

Forre uma bandeja de cupcakes de 12 cavidades com forminhas de papel e preaqueça o forno a 170°C.

Em primeiro lugar, faça a camada de cream cheese, batendo o cream cheese com o ovo, o açúcar e o extrato de baunilha. Reserve.

Prepare a mistura de red velvet derretendo a manteiga; coloque-a em uma tigela com o açúcar e bata bem. Em seguida — exatamente nesta ordem!, isso tem algo a ver com um processo químico que não sei explicar, mas precisa ser observado —, junte o extrato de baunilha, o cacau em pó, o sal, o corante alimentício e o vinagre, batendo sempre que adicionar um ingrediente.

Em uma tigela separada, bata os ovos, depois acrescente à mistura de manteiga e cacau. Peneire a farinha e mexa bem.

Divida a maior parte da massa entre as forminhas, reservando talvez um quinto da massa. Coloque uma porção da mistura de cream cheese em cada fôrma sobre a mistura de red velvet. *Então*, divida o restante da massa em cima da mistura de cream cheese.

Agora, *gire*. Você pode usar um palito, mas eu uso um espeto de bambu — é bom ter um certo comprimento porque você pode chegar até o fundo da massa de red velvet e desenterrar suas profundezas escuras. Torça e gire até que as misturas vermelha e branca fiquem belamente listradas. Isso é muito agradável, tão agradável que nunca quero parar, embora precise, porque, se não parar, as duas misturas se tornarão uma e tudo perderá o sentido.

Asse durante 17 a 20 minutos. Esfrie completamente sobre uma grade.

Cupcakes de Wasabi e Chocolate Branco com Cobertura de Caramelo Salgado

Sim, estou falando sério. Wasabi. O produto que você come com sushi. Mas, confie em mim, não é um jogo de novidades em cupcakes, essa receita é *maravilhosa*. A doçura do chocolate branco combinada com a suculência dos ovos é suficientemente poderosa para fazer frente ao calor do wasabi. Depois, unidos com a cobertura de caramelo salgado, a experiência toda se torna transcendental.

Rende 12 cupcakes

Para os cupcakes
100g de chocolate branco
100g de manteiga gelada e cortada em cubos
110g de açúcar
1 colher de chá de extrato de baunilha
3 ovos
75g de farinha de trigo
1 colher de chá de fermento em pó
uma pitada de sal
1 colher de sopa de pasta de wasabi

Para a cobertura de caramelo salgado
100g de manteiga
75g de açúcar mascavo claro
75g de xarope de glucose
1 colher de chá de extrato de baunilha
1 colher de chá de sal grosso

Forre uma bandeja de cupcakes de 12 cavidades com forminhas de papel e preaqueça o forno a 180ºC.

Derreta o chocolate usando seu método preferido (ver página 20), lembrando que é chocolate branco e queima com facilidade. Acrescente a manteiga e mexa até derreter e misturar. Retire do fogo, acrescente o açúcar e torne a mexer. A mistura pode ficar com uma aparência um pouco estranha e endurecida. Não se preocupe. Deixe-a esfriar por cerca de 10 minutos, depois, acrescente o extrato de baunilha e bata com uma batedeira, por 3 minutos. Isso deverá resolver o problema. Acrescente um ovo e bata por pelo menos 30 segundos. Acrescente o próximo ovo e assim por diante. Peneire a farinha, o fermento em pó e o sal, adicionando-os à massa, e mexa até misturar bem. Finalmente — se você tiver coragem —, acrescente uma colher de sopa de pasta de wasabi. Divida a mistura entre as forminhas. Asse por 22 minutos. Esfrie a bandeja de cupcakes sobre uma grade.

Nesse meio-tempo, faça a cobertura de caramelo salgado, colocando manteiga, açúcar mascavo, xarope de glucose, baunilha e sal em uma panela e dissolva tudo em fogo brando. Quando a manteiga e o açúcar tiverem derretido, aumente o fogo. Bata loucamente, até a mistura começar a borbulhar, mas não a deixe ferver. Mantenha-a neste ponto, borbulhando, por cerca de 6 a 8 minutos, para ela engrossar um pouco. Mas, cuidado!, a mistura está terrivelmente quente e será impossível se livrar dela se ela espirrar em você. Trate-a com cautela.

Quando você achar que a consistência está satisfatória, deixe-a esfriar um pouco. Porém, se ficar muito fria, ela não se espalhará facilmente. Portanto, fique à vontade para reaquecê-la um pouquinho se ela se mostrar muito teimosa e resistente, ou deixe-a esfriar se tiver ficado um pouco autoconfiante. Termine polvilhando os cupcakes com alguns grãos de sal grosso.

CHEESECAKES

Cheesecake de Chocolate "Buraco Negro"

Cheesecakes Individuais de Amaretto

Pão Másculo de Cheesecake de Chocolate Snickers

Cheesecake de Lavanda e Chocolate Branco

Cheesecake de Gengibre e Limão sem Assar

Cheesecake de Água de Rosas e Coco

Cheesecake de Favo de Mel de Geladeira

Cheesecake Invertido de Açafrão, Menta e Romã

Há dois tipos de cheesecakes — os assados e os não assados —, e ambos são **MARAVILHOSOS. CHEESECAKES** têm muito a ver com a textura: os assados devem ser suficientemente densos, para fazer com que se deixe escapar um involuntário gemido de prazer, e os não assados devem ser macios e cremosos, mas, de qualquer jeito, um cheesecake não é o tipo de coisa para se fazer quando se está em busca de GRATIFICAÇÃO INSTANTÂNEA. Se uma fissura por açúcar acometer você, descubra outro modo de lidar com ela, porque a verdade nua e crua é que alguns relacionamentos duram mais que o tempo que se leva para preparar cheesecake.

Não que uma enorme quantidade de trabalho esteja envolvida no preparo de cheesecakes, mas são longos os períodos de espera enquanto algum tipo de magia acontece, e não conheço nenhum jeito de abreviá-los. A espera, contudo, vale a pena, eu juro.

Primeiro, a base. Quase todas as receitas aqui incluem manteiga derretida misturada com algum tipo de biscoito esmigalhado — eu variei bastante os biscoitos. Em alguns casos, recomendo que a base seja assada por pouco tempo, mas todas precisam ir à geladeira, e o ideal é que seja de um dia para o outro (ou, se você está realmente desesperada, meta-a no freezer por 20 minutos).

A razão disso é "assentar" a base para permitir que conserve sua própria identidade, se é que você me entende, de modo que o cheesecake propriamente dito não transborde e a encharque. É importante a firme delimitação entre os dois: sua boca precisa saber o que está acontecendo. "Sim, estou percebendo", ela deve ser capaz de dizer. "No momento eu estou comendo a parte assada do cheesecake e vou emitir um involuntário e baixo gemido de prazer e, agora, estou comendo algo diferente. Estou comendo a massa crocante de biscoito e, oh!, como é agradável o contraste entre as duas texturas."

Cheesecakes que não são assados, em geral, endurecem em três horas, o que pode parecer muito, mas não é nada em comparação com a versão assada, que é uma verdadeira maratona. Mas, continuo dizendo, vale a pena. Há algo no cheesecake assado que se beneficia com o processo de envelhecimento, como o bom vinho e George Clooney.

A mistura do cheesecake é, em si, uma tarefa bastante simples — todas envolvem alguma combinação de cream cheese, ovos, açúcar, creme de leite e aromatizante. E até os tempos de cozimento não são tão longos, entre 40 minutos e uma hora e meia. Mas, quando termina o tempo de cozimento, eu recomendo que, sem abrir o forno, você o desligue e deixe o bolo ficar lá dentro por pelo menos uma hora e, possivelmente, até o dia seguinte.

E mesmo assim ele não estará pronto para ser comido — precisará ir à geladeira. Sinto muito! Você aguenta deixá-lo na geladeira durante seis horas? Ou mais? Não estou sendo cruel; algo além da nossa compreensão está acontecendo no interior do cheesecake. Forças estranhas estão em ação e, a nível molecular, ele está se transformando e a delícia está se desenvolvendo em razão exponencial.

Finalmente — e pode ser 48 horas depois que você começou a fazê-lo —, seu cheesecake estará pronto para ser comido, e eu prometo, oh!, eu prometo, você ficará contente por ter esperado.

Alguns pormenores. Há receitas em que sugiro o uso do cream cheese, mas você deve usar a versão integral. Veja, qualquer queijo dito de "baixo teor de gordura" foi diluído em ar e água, e você pode ser capaz de se enganar achando que ele é delicioso na sua torrada, mas ele vai arruinar seu bolo. Também tente não fazer o que eu fiz numa noite infeliz ao comprar acidentalmente a versão com alho e ervas.

Finalmente, veja a seção "Técnicas e Dicas Úteis" (página 22) para saber como tirar seu cheesecake da fôrma.

Cheesecake de Chocolate "Buraco Negro"

Assim chamado porque é tão denso que parece ruir sob o peso da própria grandiosidade. Comer uma fatia deste cheesecake é como levar um soco no estômago com um punho com sabor de chocolate. Estupendo.

Serve 10 porções

Para a base

100g de chocolate amargo (70% cacau)
50g de manteiga
200g de biscoitos maisena

Para o recheio

200g de chocolate amargo (70% cacau)
200g de queijo mascarpone
200g de cream cheese (versão integral)*
50g de açúcar
2 ovos
1 colher de chá de essência de baunilha
1/4 colher de chá de pimenta-do-reino**
150ml de creme de leite fresco

*Lembre-se do que eu disse: se usar outro tipo, você estará arruinando o bolo.

**Eu sei, é estranho, mas confie em mim.

Unte as bordas e forre o fundo de uma fôrma desmontável (com abertura lateral e fundo removível) de 23cm com papel-manteiga.

Para fazer a massa, derreta o chocolate usando seu método favorito (página 20), depois, derreta a manteiga em uma panela.

Quebre os biscoitos usando o método da página 22, misture-os com a manteiga derretida e o chocolate, depois aperte-os na fôrma, cobrindo completamente o fundo e subindo um pouquinho pelas bordas. Para que a superfície fique macia e uniforme, eu descobri — estranhamente — que comprimir um espremedor de batatas contra a massa resolve o problema. Coloque na geladeira por pelo menos uma hora.

Para fazer o recheio, preaqueça o forno a 170ºC. Derreta o chocolate e deixe-o esfriar um pouco.

Coloque na batedeira os queijos, o açúcar, os ovos, a baunilha e a pimenta-do-reino. Bata até desaparecerem todos os "grumos". Este foi o primeiro bolo que fiz — só que eu bati manualmente e meu braço quase que teve que ser hospitalizado. Derrame o creme na mistura e continue batendo. Finalmente, acrescente o chocolate que estava esfriando e — sim — continue batendo. Quando tudo estiver misturado e não sobrarem pedacinhos brancos visíveis, despeje a mistura sobre a base de biscoito endurecida e asse durante 40 minutos. Então, sem abrir a porta, desligue o forno e deixe o bolo descansar lá dentro por pelo menos duas horas, e, de preferência, até o dia seguinte.

Durante o tempo em que esteve assando, seu bolo terá crescido, mas lentamente ele abaixará. Isso não é ruim. Ele simplesmente está se tornando a versão em cheesecake de um buraco negro, a coisa mais densa, mais achocolatada do universo. Quando finalmente o retirar do forno, você vai cambalear sob o peso dele.

Mas ainda não é hora de comê-lo. Não, lamento! Para dentro da geladeira, por pelo menos seis horas, mas, preferivelmente, até o dia seguinte.

Finalmente, abra a trava lateral da fôrma e solte o bolo no mundo.

Cheesecakes Individuais de Amaretto

Esta receita rende seis minicheesecakes, cada um mais do que suficiente para uma pessoa. São cheesecakes elegantes, adultos — a massa é cortesia de biscoitos amaretti esmagados e o aroma do recheio é dado pelo licor Amaretto. (O álcool evapora durante o processo de cozimento, mas, se você prefere se manter longe do álcool, use uma colher de chá de essência de amêndoas.)

Rende 6 porções

Para a massa

150g de biscoitos Amaretti
40g de manteiga

Para o recheio

360g de cream cheese
80g de açúcar
2 ovos pequenos, separados
3 colheres de chá de licor Amaretto

Preaqueça o forno a 160ºC.

Sugiro preparar estes cheesecakes em uma fôrma de muffins de seis cavidades (as cavidades devem ter 8cm de diâmetro). Unte generosamente. Tenho bastante sorte em possuir uma fôrma de muffins de silicone; portanto, não preciso untar nada, pelo que sou grata, porque, embora isso não leve muito tempo, acho uma tarefa entediante. Se você não suporta encarar o processo de untar fôrmas e não possui uma de silicone, use fôrmas de papel para muffins.

Derreta a manteiga e esmague os biscoitos Amaretti (ver na página 22 as sugestões para esmagar biscoitos). Misture os dois ingredientes, depois, aperte com força a massa na fôrma, usando o fundo de um copo.

Asse durante 15 minutos, tire do forno, deixe esfriar, e mantenha na geladeira por pelo menos uma hora.

Para fazer o recheio, preaqueça o forno a 150ºC.

Em uma tigela, bata o cream cheese, o açúcar e as gemas. Acrescente o licor ou a essência de amêndoas, como preferir.

Em uma tigela separada, bata as claras, até formarem picos macios. Junte com delicadeza as claras à mistura do cream cheese.

Ainda com delicadeza — você vai querer manter tanto ar quanto possível na mistura —, coloque o recheio com uma colher sobre a base de biscoitos Amaretti.

Asse durante 40 minutos. Se você olhar pelo vidro do forno, verá que os cheesecakes vão inchar e subir de maneira alarmante, mas não se preocupe, eles se acalmarão e descerão novamente.

Quando se passarem os 40 minutos, não abra o forno, desligue-o e deixe os bolos descansarem ali por umas duas horas.

Então — sim, você já ouviu isso —, deixe na geladeira até o dia seguinte.

Pão Másculo de Cheesecake de Chocolate Snickers

Snickers é um chocolate essencialmente masculino, não acha? Sempre achei que era o tipo do doce em que os homens dão uma boa mordida antes de praticar rapel na encosta de uma montanha e, durante algum tempo, pensei que fosse lei que Snickers só pudessem ser comidos por homens que passavam velozmente por mim em mountain bikes. Inspirado em tais atividades brutas ao ar livre, este é um cheesecake robusto e vigoroso, especialmente para os rapazes. O formato de pão de forma é um pequeno toque extra de minha parte; acho que o torna ainda mais viril.

Rende 10 fatias substanciais

Para a massa

150g de biscoitos integrais de chocolate
50g de amendoins salgados
75g de manteiga

Para o recheio

250g de queijo mascarpone
250g de ricota
100g de açúcar
2 ovos
200ml de creme azedo*
4 barras de Snickers, cortadas em pedaços

Para decorar

calda de caramelo pronta
um punhado generoso de amendoins salgados

* Preparando em casa: bata, até encorpar, 100ml de creme de leite fresco, 100ml de iogurte natural e suco de 1/2 limão. (N.R.T.)

Preaqueça o forno a 170ºC. Forre uma fôrma de pão de 1kg com papel-manteiga — veja a técnica na página 20. Em um processador, bata rapidamente os biscoitos e os amendoins até formarem uma mistura de pedaços desiguais, com aparência rústica; você ainda deve poder ver pedaços dos amendoins. Na primeira vez que eu fiz esta operação, deixei o processador trabalhando por tanto tempo que, sem querer, fiz manteiga de amendoim, e tudo virou uma pasta marrom. Mas, tudo bem, eu cometo os erros para que você não precise cometê-los. Derreta a manteiga e misture-a com os farelos. Mesmo se você achar que está tudo completamente misturado, mexa mais um pouco. Coloque a mistura na fôrma de pão e aperte com força, usando o fundo de um copo. Asse durante 15 minutos, retire do forno e deixe esfriar; em seguida, leve à geladeira, de preferência até o dia seguinte.

Para fazer o recheio, preaqueça o forno novamente a 170ºC. Misture os dois queijos, depois, acrescente o açúcar e os ovos. Derrame o creme azedo na mistura, depois junte os pedaços de Snickers e mexa. Despeje sobre a base de biscoito. Asse durante uma hora e meia, desligue o forno e deixe o cheesecake descansar dentro do forno pelo tempo que aguentar. Ao retirá-lo, você ficará feliz em ver que a parte de cima assumiu uma aparência caramelada maravilhosa. Coloque na geladeira até o dia seguinte.

Para tirar o bolo da fôrma, você vai precisar da espátula. Deslize-a delicadamente entre o papel-manteiga e as bordas da fôrma, soltando toda a volta. Então, tente curvar levemente a espátula, para enfiá-la embaixo da base do cheesecake. Use também as beiradas do papel-manteiga que ultrapassam a borda da fôrma como "alças" para puxar todo o bolo para fora. Retire o papel, espalhe a calda de caramelo e os amendoins no topo. Corte em fatias grossas e sirva aos rapazes.

Cheesecake de Lavanda e Chocolate Branco

Sei o que você está pensando. *Lavanda?* Você está se perguntando por que eu haveria de querer comer um cheesecake que tem gosto igual a um divã de aromaterapeuta?

Muito bem, eu sei que é uma coisa esquisita, mas você experimentaria? Vai nessa comigo? Quer dizer, o que pode acontecer de pior? Mesmo que você deteste, teremos assim mesmo vivido um pouco, arriscado, ensaiado um pequeno passo rumo ao desconhecido.

Rende 10 fatias

Para a base
75g de manteiga
150g de biscoitos de leite

Para o recheio
aromatizante de lavanda (ver passos 1, 2 e 3)
200g de chocolate branco
200g de queijo mascarpone
200g de ricota
200g de queijo cream cheese (integral)
2 ovos
50ml de creme de leite fresco
gel corante comestível de cor vinho e rosa (opcional, mas é um toque agradável)
brilho roxo comestível (de novo opcional, mas de novo um bom toque)

Certo, primeiro o aromatizante de lavanda. Bem, na verdade há algumas formas de fazê-lo.

1. Use lavanda seca. Há, na internet, algumas empresas que a produzem, e você pode adicioná-la diretamente à sua mistura — três colheres de sopa dão um sabor sutil, mas agradável. O problema com este método é que você terá "pedacinhos" em sua mistura, o que algumas pessoas acham que dá uma aparência rústica e autêntica e outras, que é um pouco assustador. É uma questão pessoal.

2. Infusão. Ponha três colheres de sopa de lavanda seca comestível em uma panela com os 50ml de creme de leite fresco. Aqueça com delicadeza — não deixe nem chegar perto do ponto de fervura — e em seguida deixe descansar por pelo menos uma hora.

3. Você pode, na verdade, conseguir um aromatizante líquido de lavanda que seja comestível (não é óleo essencial. Por favor, não use óleo essencial. Não tenho certeza do que exatamente acontecerá a você se usá-lo, mas pode não fazer bem). Infelizmente, o aromatizante líquido é um animal raro e esquivo — encontrei o meu por completo acaso em uma loja engraçada, em uma área rural da França —, mas pode ser que você o ache na internet. A marca é Déco Relief (eu sei, que estranho!) e a embalagem descreve o produto como "arome naturel concentré", e eles não estão brincando sobre o "concentré". Provado puro, é absolutamente horrível; portanto, um pouquinho faz bastante efeito. O truque é acrescentá-lo gradualmente — eu o adicionei, literalmente, de meia em meia colher de chá, provando a cada acréscimo. Ao final, tinha usado três colheres de chá, e quase exagerei, mas consegui me segurar a tempo.

Escolha o seu método, e agora vamos começar. Forre o fundo de uma fôrma desmontável de 23cm de diâmetro e unte os lados. Faça a base derretendo a manteiga e esmagando os biscoitos em um processador ou dentro de um saco plástico com o martelo de cozinha (ver página 22). Misture os dois completamente, coloque a mistura dentro da fôrma e aperte-a com força com a parte de trás de uma colher, até que esteja bem comprimida e lisa. Leve à geladeira por pelo menos uma hora.

Para fazer o recheio, aqueça o forno a 150°C.

Derreta o chocolate. Como sabemos, chocolate branco "sofre dos nervos". É mais suscetível de queimar que o chocolate ao leite ou o amargo; portanto, tome muito cuidado com ele. Qualquer que seja o método de derretimento que você utilize (ver página 20), vá devagar. Mexa sempre. Vigie e peque por excesso de cautela. Retire o chocolate do fogo antes que esteja totalmente derretido, porque o calor continuará a agir. Quando você estiver certa de que está pronto, deixe esfriar ligeiramente.

Bata os três queijos juntos, desempelotando. Adicione o chocolate derretido e bata novamente. Em seguida, junte os ovos.

Agora, a lavanda. Se você decidiu usar as flores secas comestíveis, simplesmente jogue dentro da mistura três colheres de sopa delas, acrescente o creme de leite fresco e passe para a coloração.

Se você está usando o método de infusão, coe o creme fresco em uma peneira, descartando os pedaços de lavanda. Adicione o creme à mistura e passe à coloração.

Ou, se você conseguiu achar o "arome naturel concentré", comece a adicioná-lo muito gradualmente. Vá provando e, no momento em que começar a sentir seu gosto, pare! Então, acrescente o creme fresco e passe à fase de coloração.

Coloração. Usando um palito, acrescente uma quantidade bem pequena do gel vinho e misture bem. Continue adicionando e mexendo até que a mistura comece a ficar linda e cor de lavanda. Para meu horror, a cor começou a enveredar para o cinza; então, acrescente uma pequena pincelada de rosa para alegrar. Isso fez com que a cor ficasse rosa demais; portanto, coloquei mais vinho e a cor final ficou um pouco escura demais para ser chamada de lavanda, mas, ainda assim, achei que estava linda.

Quando a aparência da mistura estiver do seu agrado, despeje-a sobre a base de biscoito gelada e asse. Quando se passarem 30 minutos do tempo de cozimento, abra o forno e cubra o bolo frouxamente com papel-alumínio — isso é para evitar que a parte de cima fique escurecida. Você teve muito trabalho e gastou muito tempo para conseguir aquela cor de lavanda e não quer que ela se altere.

Asse por mais 10 minutos, depois, desligue o forno, mas deixe o bolo ficar ali por pelo menos uma hora. Deixe na geladeira até o dia seguinte, polvilhe com brilho roxo, então... e esta é uma sugestão radical, mas você consideraria dar este bolo de presente?

Sinto que este é um bolo para ser dado a outras pessoas. Ele é tão bonito e seu sabor é tão delicado e delicioso! Qualquer pessoa para quem você o presentear ficará emocionada e feliz, e você, por sua vez, também se emocionará e alegrará.

Cheesecake de Gengibre e Limão sem Assar

Este aqui é delicioso. O calor picante dos biscoitos de gengibre combina bem com o sabor ácido do limão. E a textura é diferente da textura de um cheesecake assado — ele é muito leve e cremoso. Porque não há nenhum cozimento envolvido, este cheesecake fica pronto muito mais depressa que as receitas anteriores que apresentei.

Mesmo assim, não é o que se chamaria de rápido. Ainda temos que contar com muito tempo de geladeira.

Rende 8 fatias

Para a massa
150g de biscoitos de gengibre
50g de manteiga

Para o recheio
2 pacotes de gelatina de limão
200g de leite evaporado
200g de cream cheese*
raspas da casca e suco de 3 limões
brilho comestível verde (opcional, mas eu realmente recomendo)
Chantilly para decorar (opcional)

* De qualquer tipo que você quiser: mesmo, nesta única receita, o de baixo teor de gordura. (Porque não há cozimento e você não vai se decepcionar.)

Esfarele bem os biscoitos em um processador de alimentos ou dentro de um saco plástico com um martelo de cozinha (ver página 22). Derreta a manteiga e adicione, nos biscoitos, misturando cuidadosamente, depois aperte com força no fundo de uma fôrma desmontável de 20cm de diâmetro. Ponha na geladeira durante pelo menos uma hora.

Dissolva um dos pacotes de gelatina de limão, colocando-a em uma tigela refratária; junte 100ml de água fervente e mexa com energia. As instruções no pacote podem pedir para usar mais água, mas não use. Se 100ml de água não forem suficientes para dissolver completamente a gelatina, não acrescente mais água. Em vez disso, ponha a tigela com água e gelatina no micro-ondas por um ou dois minutos. Deixe esfriar completamente.

Bata com movimentos rápidos o leite evaporado, até ficar leve e espumante. Adicione o cream cheese e bata muito bem, até que os "caroços" sejam desfeitos e a mistura esteja lisa. Acrescente a gelatina fria, as raspas de 2 limões e o suco de 3 limões (reserve as raspas restantes para a decoração).

Despeje mistura cremosa sobre a massa de biscoitos de gengibre, espalhe uniformemente com sua espátula e, depois, ponha novamente na geladeira, por 3 horas.

Quando as 3 horas se passarem, prepare o segundo pacote de gelatina, dissolvendo-o em 100ml de água fervente. Deixe-o esfriar completamente. Então, adicione uma colher de chá de brilho comestível e mexa. Com cuidado, derrame essa mistura sobre o cheesecake, de modo que ele fique todo coberto por uma camada fina. De volta para a geladeira por pelo menos outra hora.

Enfeite com flores de chantilly e com o restante das raspas de casca de limão.

Cheesecake de Água de Rosas e Coco

Mais uma vez os sabores engraçados, ouço você exclamar. Primeiro, a lavanda, agora, a água de rosas. Mas a água de rosas não é tão fora do comum assim — ela não é usada nas balas de goma turcas? E o coco é muito sutil.

Rende 10 fatias

Para a base
Tenho, na verdade, duas opções para você:

Opção 1
260g do Turkish Delight Biscuits da marca Cadbury
100g de manteiga

Opção 2
Pacote de 150g de biscoitos wafer de morango
50g de manteiga

Para o recheio
200g de queijo mascarpone
300g de cream cheese
200ml de leite de coco integral
2 ovos
70g de coco seco ralado
2 tampas de água de rosas
uma bolinha do tamanho de um caroço de ervilha de gel corante comestível rosa

Enquanto escrevia, Turkish Delight Biscuits estavam chegando às prateleiras dos supermercados da Irlanda. Como são incríveis e DELICIOSOS! São biscoitos com cobertura de chocolate ao leite com, como diz a embalagem, "geleia com sabor de balas de goma turca". Se você não conseguir comprá-los, não se preocupe. Use a versão do biscoito wafer de morango ou uma mistura básica de biscoito maisena (150g de biscoitos e 50g de manteiga derretida).

No entanto, se você conseguir achá-los, tire um minuto para se sentir abençoada, depois use um processador de alimentos para moê-los até virarem migalhas finas — não consegui isso com o martelo apenas, imagino que seja o recheio de geleia que complicou as coisas.

Forre o fundo de uma fôrma desmontável de 23cm, e unte os lados. Derreta a manteiga e junte aos biscoitos, misturando bem, depois, aperte a massa na fôrma e leve à geladeira por uma hora ou mais.

Ou, se você estiver usando a opção do biscoito wafer de morango, triture no processador ou com o martelo e o saco plástico (ver página 22). Derreta a manteiga e misture com os biscoitos esfarelados, depois, aperte a massa na fôrma e leve à geladeira por 15 minutos. Isso cria uma base fina, crocante e muito doce — algumas pessoas talvez achem doce demais.

Para fazer o recheio, preaqueça o forno a 170ºC. Bata os queijos, o leite de coco e os ovos. Acrescente o coco ralado, a água de rosas e o corante comestível rosa, se o estiver usando. Só para constar, eu acrescentei um pouco de brilho rosa à mistura crua, mas ele desapareceu — não havia nada brilhante no bolo pronto.

Despeje a massa sobre a base e asse por 45 minutos. Nos últimos 15 minutos de cozimento, cubra o bolo frouxamente com papel-alumínio. Isso é para evitar que a parte de cima fique corada e acabe com a linda cor rosa.

Desligue o forno, deixe o bolo lá dentro por pelo menos uma hora. Deixe na geladeira até o dia seguinte.

Cheesecake de Favo de Mel de Geladeira

A parte mais empolgante deste cheesecake para mim foi fazer o doce chamado favo de mel. Este é um cheesecake de geladeira, ou seja, não precisa ir ao forno. O agente estabilizador usado foi a gelatina, mas não é adequada para vegetarianos. Portanto, use outra coisa. Agar-agar, por exemplo, mas não sei muito a respeito.

Rende 10 fatias

Para a massa
200g de favo de mel feito em casa (eu chego lá!)
50g de chocolate ao leite
75g de manteiga

Para o favo de mel
4 colheres de sopa de xarope de glucose
170g de açúcar
3 colheres de chá de bicarbonato de sódio

Para o recheio
200g de queijo mascarpone
200g de cream cheese
50g de açúcar
150ml de leite condensado
1 colher de chá de extrato de baunilha
150ml de creme de leite fresco
2 envelopes de gelatina em pó sem sabor

Para confeitar
brilho dourado comestível (opcional)

Para fazer o favo de mel, unte um tabuleiro quadrado de 20cm. Coloque em uma panela o xarope de glucose, 1 colher de sopa de água e o açúcar. Use o fogo brando até o açúcar dissolver; depois, aumente o fogo. Mexa bem. A mistura oporá resistência no começo. No final, ela se tornará mais dócil. Deixe ferver, mas vigie, porque açúcar tem fama de queimar. Deixe em fogo brando de 5 a 10 minutos; adicione, então, o bicarbonato de sódio, e o favo de mel começará a espumar. Mexa, pelo amor de Deus! O processo de estabilização já começou, e você está lutando contra o tempo para incorporar completamente o bicarbonato antes que a mistura endureça. Misture quanto puder, e não deixe um átomo dessa mistura respingar em sua pele, porque ela age como o napalm.

Despeje no tabuleiro, esforçando-se para obter altura e formato bem uniformes; isso não será fácil. O favo de mel deverá estar endurecido em cerca de meia hora, mas, se ele permanecer grudento e pegajoso, em vez de quebradiço, coloque-o na geladeira. Reserve o resto da noite para lavar a panela.

Para preparar a base, unte uma fôrma com fundo removível de 23cm. Coloque o favo de mel em um saco plástico e despedace-o com um martelo (reserve um pouco para decorar). Derreta o chocolate e a manteiga, misture com o favo de mel, depois pressione a massa no fundo da fôrma e deixe na geladeira por cerca de uma hora. Para fazer o recheio, bata o mascarpone, o cream cheese, o açúcar, o leite condensado e o extrato de baunilha. Em uma tigela separada, bata o creme até que fique firme. Misture com cuidado o creme de leite com o restante do recheio.

Prepare a gelatina derramando 240ml de água quente (mas não fervendo) em uma tigela, depois, polvilhando o pó sobre a água, bata com movimentos rápidos — até o pó se dissolver. Então, acrescente-o muito devagar à mistura de queijos/creme. Despeje sobre a base de favo de mel endurecida e coloque na geladeira até o dia seguinte. Sirva com o favo de mel reservado e polvilhe com brilho dourado.

Cheesecake Invertido de Açafrão, Menta e Romã

Cheesecakes invertidos estão na moda; por isso, se surgirem em uma conversa informal, é bom saber um pouco a respeito deles, certo? Permita-me ser sua guia, usando minha experiência.

A "base" de biscoito (que agora estará em cima) não pode ser tão grossa quanto normalmente é, porque o cheesecake desmoronará sob tanto peso. Então, decidi dispensar completamente os biscoitos e usar pistaches picados, que dão um crocante maravilhoso e uma bela cor. Se você costuma colocar frutas em cima de seu cheesecake, atenção, porque, nesse caso, as frutas estarão debaixo da mistura do cheesecake, elas serão cozidas e se transformarão durante o processo. Para algumas frutas (ruibarbo, por exemplo), isso até que é bom. Mas, enveredando por um tema vagamente relacionado com o Oriente Médio, escolhi romãs, visualizando um tapete de sementes vermelhas cor de rubi brilhante. E, com sinceridade, era *exatamente* a aparência que o fundo da fôrma tinha quando eu o forrei com elas. Mas, no final do processo de cozimento, elas se tornaram rosa pálido, quase salmão, que não era o que eu queria. O sabor continuou, contudo, delicioso.

O cheesecake não ficou tão firme quanto outras tortas que já fiz. Tornou-se um espesso creme de ovos, sobretudo no centro, de modo que a melhor maneira de servi-lo é usando uma colher grande, em vez de tentar cortá-lo em fatias. Reconheço que fiz isso parecer uma experiência nada agradável, mas realmente foi o contrário. O produto final foi um sucesso. A sutil estranheza do açafrão funcionou bem com a intensidade da menta e a doce crocância do pistache combinou maravilhosamente com o sabor picante da romã.

Rende 8-10 porções

uma pitada de filamentos de açafrão
200g de sementes de romã
475g de queijo mascarpone
2 ovos
60ml de creme azedo (ver página 80)
125g de açúcar
2-3 tampas de essência de menta
50g de farinha de trigo
100g de pistache sem casca cortados irregularmente

Usei uma fôrma de torta de cerâmica de 1 litro. Não há necessidade de untá-la. Preaqueça o forno a 160ºC.

Dissolva o açafrão em 2 colheres de sopa de água fria e reserve. Forre o fundo da fôrma com as belas sementes de romã. Aprecie sua cor vermelha vibrante, porque, na próxima vez que as vir, elas terão uma cor bem mais humilde.

Bata juntos o queijo mascarpone, os ovos, o creme azedo, o açúcar e a essência de menta. Adicione o açafrão e a água em que foi dissolvido — a mistura ganhará uma bela cor amarela. Peneire a farinha, mexendo até ela se misturar completamente.

Espalhe a mistura sobre as sementes de romã. Elas deverão permanecer revestindo o fundo da fôrma, enquanto você alisa a parte de cima da mistura do cheesecake até conseguir um acabamento meio nivelado, mas não fique neurótico com isso. Asse por aproximadamente 50 minutos. Polvilhe os pistaches picados sobre o cheesecake nos últimos 20 minutos de cozimento no forno.

BOLOS MOLHADOS

Bolo de Café Expresso e Nozes

Bolo de Três Leites (também conhecido como Um Abraço em Forma de Bolo)

Bolo de Aniversário de Cola da Rita-Anne

Bolo Brasileiro com Cerveja Preta

Panna Cotta de Chá Verde

Bolo de Mel da Zaga

Barmbrack

Bolo de Leite de Coco

Não são bolos realmente **MOLHADOS**, apesar de feitos com líquidos. Usei uma deliciosa variedade aqui — café, leite, cola, stout (cerveja preta e forte), mel e diversos chás — e todos dão resultados interessantes e deliciosos. Chamo sua atenção para o fato de que incluí uma receita de panna cotta (creme italiano) aqui, que, estritamente, não é "bolo", mas é tão deliciosa que espero que você desconsidere minha manipulação de definições.

Bolo de Café Expresso e Nozes

As pessoas amam ou odeiam bolo de café. Portanto, algumas vão vibrar se você fizer este bolo para elas e outras ficarão menos contentes. Mas, para as que gostam de bolo de café, este é um *top* de linha da espécie. As nozes, bem, o que posso dizer? Minha ojeriza a elas já foi registrada. Não direi mais nada, mas elas realmente combinam muito bem com café.

Serve 8 porções

Para o bolo
50g de manteiga
80ml de leite integral
1 xícara de café expresso, resfriado
2 ovos
225g de açúcar
100ml de óleo de girassol
100g de nozes picadas
250g de farinha de trigo com fermento

Para a cobertura
100g de manteiga
200g de açúcar de confeiteiro
1 colher de sopa de café solúvel* dissolvido em 1 colher de sopa de água fervendo, depois resfriado
9 metades de nozes

Preaqueça o forno a 180ºC e unte duas fôrmas de 20cm de diâmetro.

Em uma panela, derreta a manteiga, acrescente o leite e o café expresso, e mexa. Em uma tigela, bata com movimentos rápidos os ovos e o açúcar até que fiquem espumantes, depois, adicione a mistura de café e manteiga e o óleo de girassol. Acrescente as nozes picadas, e, então, a farinha, e a incorpore à massa.

Divida a massa nas duas fôrmas e asse por cerca de 25 minutos. Faça o Teste do Palito (ver página 23). Coloque em uma grade para resfriamento e retire os bolos das fôrmas.

Faça a cobertura batendo a manteiga com o açúcar de confeiteiro e o café dissolvido. Use metade da cobertura para fazer o recheio do sanduíche dos dois bolos e espalhe a outra metade em cima do bolo. Enfeite com as metades das nozes.

*Ou expresso instantâneo, isso existe.

Bolo de Três Leites (também conhecido como Um Abraço em Forma de Bolo)

Este é o bolo perfeito para quando você tiver levado um susto. Digamos, sua conta de luz chegou depois de um inverno rigoroso, ou a fatura de seu cartão de crédito depois de uma extravagante compra de sapatos. É um bolo delicioso — doce, sólido e muito reconfortante. Sou a primeira a reconhecer que, à primeira vista, ele não entusiasma, não tem um sabor excitante no quesito extravagância. Mas os bolos não precisam ser sempre empolgantes. É um bolo humilde, muito amoroso. Se um bolo pode ser descrito como *bondoso*, então é ele.

O que torna extraordinário esse bolo comum são os "três leites". Uma massa bastante comum é mergulhada na mistura dos leites por pelo menos 12 horas, e a textura e a densidade são transformadas completamente, de modo que cada mordida é doce e intensa. Então, o que estou tentando dizer é: planeje com antecedência. Se você sabe que uma conta terrível vai chegar em uma data específica, asse esse bolo no dia anterior.

Serve 9 porções

200g de manteiga
200g de açúcar
4 ovos
200ml de creme azedo (ver página 80)
sementes de uma fava de baunilha ou
2 colheres de chá de extrato de baunilha
200g de farinha de trigo com fermento
1/2 colher de chá de bicarbonato de sódio

Os três leites

200ml de leite evaporado
200ml de leite condensado
200ml de creme de leite fresco

Preaqueça o forno a 180°C e unte uma fôrma de fundo removível, quadrada, de 20cm.

Bata a manteiga e o açúcar até virarem um creme claro e fofo. Acrescente dois dos ovos e metade do creme azedo, e bata bem. Acrescente os outros 2 ovos e o restante do creme azedo, e bata novamente. Em seguida, o aromatizante de baunilha. Peneire a farinha e o bicarbonato de sódio, e incorpore à massa.

Coloque-a na fôrma untada e asse por aproximadamente 25 minutos, ou até que um palito inserido no meio do bolo saia limpo.

Resfrie em uma grade até ficar completamente frio, mas não o tire da fôrma. Espete a superfície do bolo várias vezes com um garfo. Então, envolva a base da fôrma com papel-manteiga. O que você está tentando fazer é tornar a fôrma à prova de líquidos. Logo você vai despejar nela os três leites, e não vai querer que o líquido escorra para fora, através do fundo removível, e para a sua geladeira.

Misture os três leites em uma jarra, depois, despeje sobre o bolo. Quase todo o líquido simplesmente "assentará" na superfície do bolo, mas não se assuste. Coloque o bolo na geladeira; e ao longo de várias horas grande parte dele será absorvida.

Minhas experiências com esse bolo são variadas — algumas vezes, desaparece todo o leite, outras vezes, ainda há uma poça lá, olhando para mim. E o interessante é que usei exatamente a mesma quantidade de leite em todas as ocasiões. Se isso acontecer, por favor, não entre em pânico. Tenha apenas um pouco mais de cuidado ao tirar o bolo da fôrma, usando, talvez, uma colher grande em vez de uma faca.

Bolo de Aniversário de Cola da Rita-Anne

Era o aniversário da minha irmãzinha mais nova, Rita-Anne, e decidi fazer um bolo para ela. Pensei bastante sobre o que ela mais gosta (bambolês) e não tive certeza se conseguiria integrá-los com sucesso a um bolo. Então, lembrei-me de que ela gosta de refrigerante quase tanto quanto de bambolês, aí fiz esse bolo, e ela ficou encantada.

Rende 12-14 fatias

225g de manteiga em temperatura ambiente
290g de açúcar mascavo
2 ovos
2 colheres de chá de extrato de baunilha
250ml de refrigerante cola*
125ml de leitelho (ver página 30)
250g de farinha de trigo com fermento
30g de cacau em pó
1 colher de chá de bicarbonato de sódio
200g de minimarshmallows

Para a cobertura

90ml de refrigerante cola
110g de manteiga
3 colheres de sopa de cacau em pó
250g de açúcar de confeiteiro
um saco de balas de goma com formato de garrafinhas de refrigerante (opcional)

* Qualquer marca serve, mas deve ser a versão comum (nem light nem zero). você vai precisar do açúcar da bebida.

Preaqueça o forno a 180°C. Unte e forre um tabuleiro grande: 30 x 23cm e 5cm de profundidade, com papel-manteiga. Se você está pensando que é um bolo grande e plano, você está certo.

Bata a manteiga com o açúcar, até ficarem cremosos. Acrescente os ovos e a baunilha. Misture a cola e o leitelho em uma jarra. Em uma tigela, misture a farinha, o cacau em pó e o bicarbonato de sódio.

Despeje cerca de um terço do líquido no creme de manteiga e açúcar, depois, adicione cerca de um terço da mistura de farinha, cacau e bicarbonato de sódio, peneirando-os, e mexa bem. Acrescente mais um terço do líquido, depois outro terço da farinha, e mexa novamente. Mais uma vez, e tudo estará junto. Quando a massa estiver misturada e lisa, adicione os marshmallows e mexa.

Despeje em seu tabuleiro — enorme, eu sei — e asse durante 35 a 40 minutos. Faça o teste do palito. Uma observação: os marshmallows vão derreter, fazendo com que pequenas crateras apareçam no seu bolo. Você não fez nada errado. Os marshmallows derretidos se reaglutinarão em pequenos pontos de delícia, densos e melosos, brotando inesperadamente e proporcionando textura e surpresa.

Resfrie o bolo em uma grade, depois, retire-o da assadeira. Trabalhe com cuidado, pois o bolo é muito grande e desajeitado.

Para a cobertura, coloque a cola, a manteiga e o cacau em pó em uma panela grande, até a manteiga derreter. Deixe ferver, mexendo sempre. Tire do fogo, acrescente o açúcar, peneirando-o, e bata loucamente. Dê o máximo de si. Pequenos grumos teimosos resistirão por um tempo espantoso. À medida que os grumos renegados forem relutantemente desmanchados, a cobertura engrossará. Enfim, você poderá parar. Deixe esfriar e engrossar um pouco.

Se você quiser, espalhe a cobertura sobre o bolo, em toda a sua glória, enorme como um campo sem-fim. Ou você pode cortar o bolo ao meio e colocar um pedaço sobre o outro, fazendo um sanduíche com metade da cobertura e espalhando o restante sobre a parte de cima e nos lados. Finalmente, enfeite com balas de goma em formato de garrafinhas.

Bolo Brasileiro com Cerveja Preta

O Brasil é um lugar maravilhoso, com as pessoas mais encantadoras, e gostei tanto da comida que comprei um livro de culinária brasileira. Fiquei especialmente interessada pelas receitas de bolos, mas algumas eu não pude fazer porque os ingredientes são muito exóticos. Mas este, cujo ingrediente principal é cerveja preta, isto é a Guinness (ou marca similar de cerveja *stout*), não poderia ser mais fácil.

Não se preocupe com a Guinness, você não vai sentir o gosto dela de jeito nenhum, e o álcool evaporará, portanto, pode oferecer o bolo para qualquer pessoa.

Usei cobertura amanteigada com limão e descobri que seu pronunciado sabor ácido atravessa com elegância e autoconfiança o bolo que leva malte e melado.

Você notará na foto que ele tem três camadas. Acidentalmente, despejei muito mais massa em uma fôrma que na outra, de modo que uma das camadas acabou quase duas vezes mais espessa. Se você quiser também partir para três camadas, pense em dobrar a quantidade de cobertura.

Rende 12-14 fatias

110g de manteiga
85g de açúcar mascavo
4 ovos, separados
1/2 colher de chá de gengibre em pó
1 colher de chá de canela em pó
1 colher de chá de macis*
1 colher de sopa de raspas de limão-siciliano
280g de farinha de trigo
1/2 colher de chá de sal
1 colher de sopa de fermento em pó
250ml de cerveja preta
190ml de melado
1 colher de chá de bicarbonato de sódio

Para a cobertura

150g de manteiga
300g de açúcar de confeiteiro
1 colher de chá de suco de limão-siciliano
corante comestível amarelo (opcional)

*Pode ser estranho e assustador, mas é extraída do mesmo fruto da noz-moscada. Se não encontrar, utilize noz-moscada em pó.

Preaqueça o forno a 180ºC e unte duas fôrmas de 23cm de diâmetro.

Bata a manteiga e o açúcar até formarem um creme. Bata as gemas dos ovos com o gengibre, a canela, o macis e a casca de limão. Junte ao creme de manteiga com açúcar. Em uma tigela, misture a farinha, o sal e o fermento em pó.

Aqueça a cerveja até ficar morna e misture com o melado e o bicarbonato de sódio. Peneire a mistura da farinha e adicione um terço dela ao creme de manteiga/açúcar/ovos, e, depois, um terço da combinação cerveja/melado. Misture bem. Acrescente mais um terço de cada mistura e mexa novamente. Em seguida, o terço restante.

Bata as claras até ficarem firmes e incorpore à massa. Divida — igualmente! — a massa entre as duas fôrmas. Asse por 35 minutos. Faça o Teste do Palito (ver página 23), depois, retire das fôrmas e deixe esfriar em uma grade.

Faça a cobertura batendo ao ponto de creme a manteiga e o açúcar, depois, juntando o suco de limão e corante suficiente para atingir a cor amarela desejada. Use a cobertura para fazer um sanduíche das camadas de bolo, e, depois, a espalhe no topo e nas laterais do bolo.

Panna Cotta de Chá Verde

Panna Cotta (creme cozido em italiano) é a coisa mais simples e mais deliciosa do mundo. Os ingredientes são, basicamente, creme, leite, açúcar, aromatizante e um agente estabilizador. Como o Cheesecake de Favo de Mel de Geladeira (ver página 91) o agente estabilizador que usei foi gelatina, que não é adequada para vegetarianos. Desculpe-me por isso, mas acredito que agar-agar atenderá suas necessidades.

Agora, o que preciso realmente falar é sobre o aromatizante. As pessoas resistiram um pouco quando contei o que estava usando — chá verde parece ter uma reputação bastante triste —, mas ficaram muito mais entusiasmadas e animadas quando omiti a informação sobre o aromatizante. Esta panna cotta realmente tem um gosto surpreendente — sutil, delicado, intrigante e delicioso.

Parece que fazer panna cotta em pequenos recipientes individuais é o padrão. Sou a feliz proprietária de quatro pequenas adoráveis fôrmas de silicone que parecem antigos manjares brancos. Mas você pode usar qualquer coisa — xícaras, tigelas quadradas de molhos, copos plásticos descartáveis etc. — contanto que tenham capacidade de 200 a 250ml.

Rende 4 porções

600ml de creme de leite fresco
150ml de leite integral
150g de açúcar
12 saquinhos de chá verde
1 envelope de gelatina sem sabor
brilho comestível (opcional)

Em uma panela grande, coloque o creme, o leite e o açúcar, e leve ao ponto de fervura, deixando ferver por cerca de 4 minutos. Reduza a temperatura, acrescente os saquinhos de chá verde e deixe por 2 a 3 minutos em fogo brando, mexendo com regularidade.

Tire a panela do fogo e deixe esfriar por cerca de 5 minutos — é importante que o líquido esteja abaixo do ponto de fervura quando você acrescentar a gelatina. Retire os saquinhos de chá e jogue fora. Então, mexendo bem depressa, com um misturador manual, acrescente a gelatina em pó. Lembre-se de que o pó sempre é colocado sobre o líquido, nunca o contrário; certifique-se de que a gelatina está completamente dissolvida — isso pode levar vários minutos de trabalho entediante — antes de passar ao próximo estágio. Despeje a mistura nas fôrmas e deixe na geladeira para endurecer por pelo menos 3 horas. Em seguida, desenforme.

Com franqueza, a parte mais difícil desta bela sobremesa é retirá-la da fôrma. O que eu faço é derramar um pouco de água quente no fundo das fôrmas, depois, delicadamente, correr a ponta de uma faquinha afiada em toda a volta, alguns milímetros abaixo da superfície do doce. Com paciência, afasto a panna cotta dos lados da fôrma, e quando sinto que não posso ir mais adiante sem quebrar a panna cotta, viro a fôrma de cabeça para baixo sobre o prato em que será servida e — novamente, é preciso mais paciência, e eu sou péssima nisto — "descasco" a fôrma do doce.

Bolo de Mel da Zaga

Zaga é a sogra do meu irmão Niall, casado com a filha de Zaga, Ljiljana. Zaga mora em Belgrado e é uma cozinheira MARAVILHOSA, que produz verdadeiros banquetes em uma cozinha mínima. (Meu Deus, espero que ela não se importe por eu dizer isso.) Este bolo é fácil, simples e delicioso.

Meu instinto é sempre acrescentar toneladas de especiarias e aromatizantes (muitas vezes ao ponto de as pessoas sufocarem), mas aqui não há necessidade disso, pois o mel é aromatizante suficiente. Na verdade, você sabia que o tipo de mel que usar vai influir no sabor? Eu sempre achei que mel fosse apenas mel, mas não é assim, há um universo de tipos diferentes. Aparentemente, tudo depende da espécie de flor de que as abelhas tiram o pólen. A natureza não é assombrosa?

Rende 16 cubos
5 ovos, separados
100g de açúcar
100ml de óleo girassol
100ml de mel
200g de farinha de trigo
2 colheres de chá de fermento em pó
50g de nozes, amêndoas ou avelãs bem picadas*

Para decorar
brilho dourado comestível (opcional)

Preaqueça o forno a 200ºC e prepare um tabuleiro quadrado de 20cm pincelando com óleo e depois polvilhando com farinha.

Bata as gemas dos ovos com o açúcar, depois, acrescente o óleo, o mel, a farinha, o fermento em pó e as nozes (amêndoas ou avelãs). Em uma tigela separada, bata as claras em neve (até ficarem firmes). Misture as duas partes — a mistura de gemas estará bem firme e resistente e o desafio será incorporar as claras sem tirar todo o ar. Faça o melhor que puder, mas não perca a cabeça.

Despeje a mistura no tabuleiro, coloque no forno e reduza a temperatura para 180ºC. Asse durante 25 a 30 minutos ou até que o palito saia limpo.

Deixe esfriar em uma grade, depois corte em cubos. Se você quiser, pode pincelar com brilho dourado comestível, mas não é preciso fazer nada, se não quiser. Estes cubinhos parecem totalmente inócuos, mas são maravilhosos. O gosto de mel surge como excelente surpresa.

---

* Fique à vontade para usar as que você quiser — eu usei avelãs.

Barmbrack

Tenho absoluta certeza de que isso é coisa irlandesa. É servido tradicionalmente como um doce de Halloween, mas você não será preso se o servir em outra época do ano. Exceto no mês de maio. (Estou brincando, claro.)

Basicamente, o Barmbrack é um bolo simples, em formato de pão, em que o principal ingrediente é o chá preto, mas com uma charmosa surpresa — pequenos "presentes" são colocados nele aleatoriamente. Exemplos comuns são um anel, uma chave, uma moeda e um pequeno pedaço de madeira. (A ideia é que, se vier um anel na sua fatia, você irá se casar; uma chave significa uma nova casa ou um novo carro; quebrar o dente com a moeda indica que você vai ganhar dinheiro, que virá a calhar para pagar o dentista; e se você acabar tirando o pedaço de madeira, quer dizer que vai continuar solteira — maravilha!)

Sinta-se à vontade para improvisar suas "surpresas". Mas, pelo amor de Deus, enrole cada "surpresa" num bom pedaço de papel-alumínio, para que fiquem bastante visíveis e ninguém as engula por descuido. As pessoas estão ficando terrivelmente litigiosas.

Serve 8-10 porções

- 170g de açúcar mascavo claro
- 85g de passas brancas
- 85g de passas pretas
- 40g de frutas cristalizadas
- 450ml de chá preto, frio
- 160g de farinha de trigo com fermento
- 1 colher de chá rasa de bicarbonato de sódio
- 1 ovo batido

Coloque o açúcar, as passas, as frutas e o chá em uma tigela. Deixe em infusão durante a noite.

No dia seguinte, unte uma fôrma de pão de 450g e forre-a com papel-manteiga OU poupe todo esse trabalho e use uma fôrma de pão de silicone. Preaqueça o forno a 170ºC.

Peneire a farinha e o bicarbonato de sódio na infusão de chá/açúcar/frutas, depois acrescente o ovo batido e mexa bem.

Despeje na fôrma, depois "plante" suas surpresinhas a intervalos regulares na massa, de modo que cada fatia contenha alguma coisa e ninguém fique chorando e reclamando que não ganhou nada e que o irmão mais novo vai ganhar uma Ferrari e por que a vida é tão injusta? Certifique-se de que o papel-alumínio esteja inteiramente imerso na massa do bolo porque, se estiver espetado para fora, poderá queimar. Asse durante 1 hora e 35 minutos ou faça o Teste do Palito (ver página 23).

Deixe descansar por 5 minutos, depois retire da fôrma e coloque em uma grade. Corte em fatias e sirva com bastante manteiga. Devido às surpresas, este é um bolo muito sociável, um dos poucos que gosto de partilhar com outras pessoas. (Em um universo perfeito, eu o comeria sozinha, em um quarto escuro, incomunicável, fatia após fatia. E, quando o bolo acabasse, varreria todas as migalhas incriminadoras, dobraria bem a caixa, a esconderia no fundo da lata de lixo e negaria que tivesse existido qualquer coisa gostosa em casa.)

Bolo de Leite de Coco

Esta é uma transcrição direta de um texto que recebi de minha querida amiga Julie horas depois de deixar um Bolo de Leite de Coco para ela e seu marido Fergal. "Oh, meu Deus, Marian! Que bolo! Já está quase no fim! É o bolo mais esplêndido, mais deliciosamente molhado que eu já provei!"... haham... tosse de modéstia. Fala por si, não?

Duas coisas: não se preocupe se não conseguir achar coco ralado fresco. Você pode substitui-lo por coco desidratado, sem açúcar, se preferir, ou deixá-lo de fora. Agora, a calda. Não é essencial, mas deixa tudo com mais sabor de coco e mais úmido e fabuloso.

Rende de 20 a 26 fatias — sim, este é um bolo GRANDE

170g de manteiga
300g de açúcar
4 ovos
1 colher de sopa de extrato de baunilha
250g de farinha de trigo com fermento
uma pitada de sal
3/4 de colher de chá de fermento em pó
50g de coco ralado
200ml de leite de coco

Para a calda (opcional)

200ml de leite de coco
40g de açúcar mascavo claro

Preaqueça o forno a 170ºC e unte generosamente com manteiga uma fôrma de bolo de 25cm de diâmetro com furo no centro.

Bata a manteiga e o açúcar até formar um creme claro e fofo. Adicione os ovos, um de cada vez, mexendo bem a cada acréscimo. Acrescente o extrato de baunilha. Em uma tigela separada, misture a farinha de trigo, o sal e o fermento em pó, peneirados, com o coco ralado.

Acrescente cerca de um terço do leite de coco e um terço da mistura de farinha no creme de manteiga/açúcar/ovos e bata bem. Junte outro terço do leite de coco e da farinha, e mexa bem. Acrescente, então, o terço final. Fazer o bolo neste estilo "para-e-recomeça" pode ser um pouco irritante, mas evita que se formem caroços. Coloque a massa na fôrma e asse durante uma hora.

Deixe esfriar em uma grade. Mantendo ainda o bolo na fôrma, espete sua superfície com um garfo muitas, muitas vezes — vamos combinar vinte vezes?

Faça a calda esquentando delicadamente o leite de coco e o açúcar até que o açúcar se dissolva. Despeje cerca de metade da calda sobre o bolo (ainda na fôrma) e deixe que penetre pelos furinhos do garfo para o "corpo" do bolo. Depois de duas horas, derrame o resto da calda.

Dê bastante tempo ao bolo para absorver a calda — recomendo deixá-lo descansar até o dia seguinte —, depois, tenha muito cuidado para retirá-lo da fôrma, porque ele estará bastante molhado, especialmente se você tiver seguido a rota da calda. Finalmente, corte em fatias e sirva para as pessoas amadas. Prepare-se para textos eufóricos.

TORTAS

Minitortas de Limão

Torta de Maçã da Mam

Torta de Nozes Pecã

Flã de Pera e Avelã

Torta de Chocolate e Avelã

Profiteroles

"Tarte Tatin" de Abacaxi com Massa Folhada

Enroladinhos de Creme de Limão e Pistache

Baklava de Chocolate

TORTAS. Deixam todo mundo apavorado. Quase tão difíceis quanto os merengues (suspiros). Mas não tenha medo, eu vou segurar a sua mão enquanto você passa por isso.

Quase todas as receitas que apresentarei a você são versões de tortas de massa podre — começo com uma receita básica e vou ficando cada vez mais ambiciosa e sofisticada. (Haverá um curto, mas aterrorizante, desvio, quando sairemos impetuosamente da rota e faremos massa choux, mas depois retomaremos nosso caminho.) Faremos duas receitas usando massa folhada e massa filo, mas não vamos nem tentar fazer a massa porque todos compram o produto pronto — até, sei de fonte segura, os chefs profissionais. Se eles não se preocupam em fazer a massa a partir do zero, não vejo por que nós deveríamos passar por isso. Não é vergonha nenhuma.

A chave para uma boa massa podre é manter tudo o mais frio possível. Os confeiteiros profissionais fazem a massa de manhã, antes que a cozinha esquente. Ou seja, esse é o nível de sensibilidade com que estamos lidando.

A maior parte das receitas que apresento aqui são bases de tortas; portanto, a massa está desempenhando um mero papel coadjuvante, em vez de principal. Apenas uma breve observação: assei essas tortas em fôrmas de torta em vez de fôrmas de bolo. São muito semelhantes, mas, em uma fôrma de torta, os lados apresentam uma ligeira inclinação para fora. Às vezes, são canelados. Também — desculpe por confundir você com detalhes —, as fôrmas de torta têm diferentes profundidades. As fôrmas rasas têm cerca de 3cm de altura e as mais profundas podem ter 5cm, mas nesta seção só uso fôrmas rasas.

Minitortas de Limão

Essas belezinhas são feitas com massa podre básica, tão básica quanto possível. Em geral, consiste de farinha de trigo, manteiga e água, nada que vá fazer você arrancar os cabelos.

No mesmo tom gentil dessa introdução, estas tortas são pequenas, o que significa que há menos área de massa para você lidar, o que, confie em mim, ajuda bastante.

Só uma coisa: estas tortas precisam ficar na geladeira por pelo menos 6 horas; portanto, planeje-se com antecedência.

Rende 4 minitortas
Para a massa podre básica
170g de farinha de trigo
uma pitada de sal
100g de manteiga, gelada e cortada em cubos

Para o recheio
4 gemas de ovos
400ml de leite condensado
suco de 6 limões

Para enfeitar
brilho comestível e fatias de limão (opcional)

Para estas tortinhas eu uso 4 fôrmas de silicone de 11cm de diâmetro. Como uso fôrmas de silicone, não preciso untá-las. Mas, se você está usando as de metal, unte generosamente com manteiga.

Há duas maneiras de se fazer massa podre — à mão ou com máquina. Na próxima receita ensinarei o método com o processador de alimentos, mas, aqui, vou explicar como fazer a massa de torta à mão. Talvez você pense: "Pelo amor de Deus, sou uma pessoa ocupada, tenho coisa melhor a fazer do que massa de torta à mão!" Ou você pode pensar: "Isso vai me enlouquecer, por que você não me dá algo mais simples e tranquilo para fazer?" Na verdade, mais simples e tranquilo, impossível.

Peneire a farinha e o sal em uma tigela, depois, adicione os cubos de manteiga. Usando as pontas dos dedos, comece a esfregar pedaços pequenos de manteiga em pequenas quantidades de farinha. À medida que faz isso, levante as mãos acima da tigela e deixe os ingredientes caírem dentro dela novamente. No final — mas só depois de algum tempo — a mistura vai começar a parecer com migalhas finas de pão.

Não tente apressar as coisas. Se você trabalhar depressa demais, a manteiga ficará oleosa e a massa não sairá tão crocante. Então, reduza a velocidade. Abrace o processo. Pense nisso como uma meditação para seus dedos.

Lembre-se do que eu disse sobre o frio. Pense na Lapônia. Nevascas. Congelar.

Continue misturando e levantando e respirando e sentindo os pés no chão, e quando você perceber que a manteiga e a farinha se tornaram uma só coisa, adicione uma colher de sopa de água gelada e — me acompanhe com cuidado aqui — mexa a massa usando uma faca. Sim, uma faca. Sempre me disseram que mexer qualquer

coisa com faca dá azar, mas, agora, eu acho que não tem essa história de sorte ou azar, a vida é simplesmente a vida, e não podemos afastar coisas ruins evitando passar debaixo de escadas, acendendo velas ou nos negando a mexer coisas com facas. O que tiver que ser, será; portanto, mexa aí. A faca manterá os ingredientes frios, então, mesmo que o teto venha abaixo, sua massa ficará boa.

A massa vai começar a mostrar aderência, quero dizer com isso que ela vai começar a ficar unida e com aparência de massa de torta. Se você precisar acrescentar outra colher de sopa de água, acrescente, mas devagar, você não quer que sua massa fique pegajosa. Use as mãos para a "junção" final.

Faça uma bola achatada, cubra com filme de PVC e ponha na geladeira por uma hora pelo menos. Agora vamos abrir a massa, e há duas formas de fazer isso. Faremos a versão "superfície com farinha" aqui e eu lhe ensinarei o "método do filme de PVC" na próxima receita.

Primeiro, preaqueça o forno a 170ºC.

Retire o filme de PVC e, com uma faca afiada, corte a massa em quatro partes.

Polvilhe uma superfície limpa com farinha de trigo comum e coloque ¼ da massa no meio. Também polvilhe seu rolo com farinha (a não ser que você tenha um rolo de silicone) e, com movimentos firmes e confiantes, aplaine e "estique" a massa, de modo que ela tome uma forma mais oval. Gire a massa 90º, de modo que ela fique larga e curta. Polvilhe uma nova camada de farinha debaixo da massa porque, senão, ela grudará na superfície e será um pesadelo. Use o rolo novamente e, então terá uma forma mais redonda. Continue girando a massa, continue polvilhando mais farinha debaixo da massa e continue trabalhando com o rolo, até que a massa esteja bem grande e próxima da fôrma adequada para forrar o fundo e os lados de uma das fôrmas. Isso não deve demorar muito, porque as fôrmas são pequenas; vai ser uma história diferente quando você estiver lidando com tortas grandes, mas não vamos nos preocupar com isso agora.

Acerte a borda da massa com uma faca afiada e pré-asse a massa às cegas durante 15 minutos (ver página 21).

Para fazer o recheio, bata com vontade as gemas dos ovos até elas ficarem mais claras. Adicione o leite condensado e o suco de 6 limões, depois, bata novamente. Divida a mistura entre as quatro fôrmas com a massa parcialmente assada e asse por 15 minutos.

Resfrie em uma grade e deixe na geladeira por, pelo menos, 6 horas.

Se quiser, enfeite com brilho e outras coisas, mas as tortinhas serão igualmente maravilhosas se servidas sem enfeites.

TORTAS

Torta de Maçã da Mam

Mam é minha querida mãe. Uma cozinheira reconhecidamente relutante que tinha, no entanto, uma exímia mão para tortas de maçã e era capaz de fazê-las dormindo. Esta é absolutamente deliciosa, e trouxe de volta lembranças da infância.

Rende 6 porções

Para a massa
170g de farinha de trigo
55g de açúcar de confeiteiro
110g de manteiga, gelada e cortada em cubos
1 gema de ovo

Para o recheio
5 maçãs verdes descascadas, sem miolo e cortadas
4 cravos e um pau de canela*
2 colheres de sopa de açúcar

Para a cobertura
1 ovo levemente batido (ou leite)
açúcar

* Obviamente, minha mãe não usava esses produtos. Qualquer irlandesa que fosse apanhada colocando especiarias na comida nos anos 1960 poderia ser destituída de sua cidadania.

Unte uma fôrma de torta de 20cm de diâmetro.

Você pode fazer essa massa no processador de alimentos, se tiver a sorte de possuir um. (Se não, veja as instruções na receita anterior para fazer a massa à mão.) Peneire a farinha e o açúcar de confeiteiro juntos, depois, acrescente a manteiga. Bata devagar, até que a mistura fique arenosa e não haja pedaços de manteiga visíveis. Acrescente a gema e misture novamente. A mistura deve ir se unindo gradualmente, isto é, começando a ter aparência de massa. Se ela ainda estiver seca e quebradiça (é improvável), acrescente uma colher de sopa de água gelada e bata novamente.

Enrole a massa em filme de PVC e guarde na geladeira por pelo menos uma hora.

Enquanto isso, coloque as maçãs cortadas em uma panela de fundo grosso.

Amasse os cravos (faz com que soltem o óleo) e adicione às maçãs, juntamente com o pau de canela. Acrescente o açúcar e duas colheres de sopa de água e deixe cozinhar em fogo brando. Porém, citando Mam: "Vá devagar! Você não vai querer que as maçãs virem mingau."

Quando as maçãs estiverem macias, mas ainda em pedaços — isso deve levar uns 20 minutos —, teste a doçura. Se você achar que estão um pouco ácidas, acrescente mais açúcar.

Preaqueça o forno a 170ºC.

Agora, vamos ao "método do filme de PVC" para abrir a massa. Tire a massa da geladeira e remova o filme. Divida a massa em duas partes, uma ligeiramente maior. Dê uma forma circular à parte maior da massa, depois, coloque-a sobre um pedaço de filme, de cerca de 30 x 30cm. Coloque outro pedaço de filme — do mesmo tamanho aproximado do primeiro — sobre a massa, e, então, use o rolo para comprimir a massa. Para confirmar, a massa está entre dois pedaços de filme e o rolo trabalha sobre o filme que está em cima. Lamento se isso estiver confuso. O fato é que, na verdade, é útil pegar o jeito

...

desse método porque o filme vai "segurar" a massa e tornar menos provável que se quebre quando você usar o rolo.

Então, abra a massa com o rolo, depois gire 90º todo o pacote envolto em filme e abra novamente com o rolo e assim por diante, até que a massa esteja aproximadamente da forma e do tamanho certos para forrar a fôrma. Você pode pensar: "Dane-se essa conversa fiada de filme, é trabalho demais"; e, se estiver pensando isso, então pare. Não quero aumentar seus desgostos, apenas reduzi-los.

Muito bem, agora a parte complicada: colocar a massa na fôrma. Retire o filme que está em cima da massa. Coloque o rolo horizontalmente sobre a massa e, usando-o quase como um eixo, dobre a massa em duas e levante-a, separando-a do filme que está embaixo — faça isso bem depressa, não é hora de ficar com o olhar perdido, matutando sobre questões existenciais — e, então, coloque-a dentro da fôrma.

As coisas podem não dar certo — isso aconteceu comigo, minha massa "quebrou" —, mas não entre em pânico. O que fiz foi fazer uma base de massa com retalhos. Coloquei o maior pedaço inteiro dentro da fôrma, depois usei o segundo maior pedaço para cobrir mais uma parte da fôrma, sobrepondo ligeiramente os pedaços. Continuei fazendo isso até que toda a fôrma estivesse coberta; depois, apertei as junções com os dedos até quase desaparecerem.

Mesmo que a sua massa não quebre completamente, podem aparecer buracos, e isso não é absolutamente uma vergonha. Apenas remende os buracos com mais massa, e siga em frente.

Acerte as bordas com uma faca afiada, depois, coloque a maçã cozida. Sim, é isso mesmo, não haverá "pré-cozimento às cegas" nesta torta. Mam pareceu extremamente surpresa quando eu o sugeri. Ela nunca o usou — provavelmente, porque era muito ocupada —, mas suas tortas nunca foram prejudicadas. O que acontece é que a camada inferior da torta fica macia e quebradiça, em vez de crocante, mas não menos deliciosa.

Abra a segunda parte da massa usando qualquer método que lhe agrade, depois, coloque sobre a torta. Prenda a borda da camada inferior com a borda da camada superior da massa usando ovo ou leite.

Pincele a camada superior da massa com ovo ou leite e fure várias vezes com um garfo. Asse por cerca de 30 minutos, até que a massa ganhe uma cor marrom dourada.

Polvilhe açúcar sobre a torta logo antes de servir.

Torta de Nozes Pecã

Esta é uma criação magnífica. Tem base de torta e recheio de nozes pecã e xarope de glucose (ver página 38), coberto com fileiras cerradas de nozes pecã perfeitas. Fica ainda mais bonito com o acréscimo de um acabamento brilhante.

Rende 10 fatias

Para a massa da torta
- 225g de farinha de trigo
- uma pitada de sal
- 55g de gordura hidrogenada gelada e cortada em cubos*
- 85g de manteiga gelada e cortada em cubos
- 2 colheres de chá de açúcar

Para o recheio
- 400g de nozes pecã
- 3 ovos
- 200g de açúcar mascavo claro
- 150ml de xarope de glucose
- 50g de manteiga derretida
- 1 colher de chá de extrato de baunilha
- 2 colheres de sopa de farinha de trigo

Para a cobertura brilhante (opcional)
- 2 colheres de sopa de purê de pera/maçã**

Unte uma fôrma de torta de 24cm de diâmetro.

Para a massa da base, peneire a farinha e o sal dentro de uma tigela, depois, misture a gordura usando as mãos ou o processador. Quando a mistura começar a parecer pequenas migalhas de pão, acrescente o açúcar. Se ela ainda estiver esfarelando um pouco, adicione uma colher de sopa de água fria. Nesta torta fiz algo inesperado: não coloquei a massa na geladeira antes de abri-la. Moldei a massa em forma de bola, coloquei-a no centro da fôrma e usei a base da palma da mão para achatá-la. Continuei empurrando e achatando a massa até ela alcançar as bordas da fôrma e, então, encorajei-a a subir pelos lados.

Quando todo o interior da fôrma estava forrado de massa, coloquei-a na geladeira por meia hora. Quando passou a meia hora, preaqueci o forno a 200º C e pré-assei a massa às cegas por 20 minutos (ver página 21). Depois removi o papel e os feijões e assei por mais 5 minutos. Enquanto isso, comecei o recheio separando as nozes pecã, reservando as inteiras e bonitas para decorar a parte de cima e deixando as mais feias e as quebradas para a massa.

Bati os ovos, acrescentei o açúcar, o xarope, a manteiga derretida, o extrato de baunilha, a farinha peneirada e as nozes pecã, mexendo bem. Despejei a mistura dentro da massa da torta e arrumei as nozes pecã de boa aparência, de maneira atraente, por cima.

A essa altura baixei a temperatura do forno para 170º C e assei por mais cerca de 30 minutos. (Cubra com papel-alumínio se as pecãs de cima começarem a tostar.)

Enquanto a torta esfriava (em uma grade), misturei o purê de maçã/pera com duas colheres de sopa de água fervente e coloquei no micro-ondas por 2 minutos, a média potência, e depois usei um pincel de confeiteiro para passar sobre a parte de cima da torta.

* Eu sei! Parece pouco refinado, não? Mas vai com tudo!

** Você pode comprar em lojas de produtos naturais.

Flã de Pera e Avelã

O que torna este flã mais que especial é a adição de avelãs moídas à massa. Isso dá uma inesperada densidade de sabor que se harmoniza muito bem com a doçura das peras. Pode parecer que este flã exige muito trabalho porque, além da massa, você tem que fazer o creme e a cobertura, mas tudo é bastante simples e vale muito a pena.

Rende 10 fatias

Para a massa
50g de avelãs, moídas em farinha fina
100g de farinha de trigo
uma pitada de sal
75g de manteiga gelada e cortada em cubos
1 colher de sopa de açúcar
1 ovo batido

Para o recheio
3 ovos
1 gema de ovo
55g de açúcar
1 colher de chá de extrato de baunilha
300ml de creme de leite com alto teor de gordura
3-4 peras maduras, descascadas, cortadas ao meio e sem miolo

Para a cobertura brilhante
4 colheres de sopa de geleia de damasco

Unte uma fôrma de pudim de 22cm. Faça a massa misturando as avelãs moídas, a farinha e o sal. Depois, incorpore a manteiga, usando os dedos ou o processador. Quando a mistura estiver parecendo migalhas de pão, adicione o açúcar; em seguida, faça um buraco no centro dela e acrescente o ovo batido. A mistura deve começar a parecer massa, mas, se ainda estiver um pouco seca, adicione uma colher de sopa de água fria. Dê à massa a forma de uma bola, envolva em filme de PVC e ponha na geladeira por uma hora.

Quando tiver se passado quase uma hora, preaqueça o forno a 180°C. (Qualquer massa de torta feita com frutas oleaginosas precisa ser cozida a uma temperatura um pouco mais baixa do que a massa simples, porque é mais propensa a queimar.) Abra a massa com o rolo, asse às cegas por 15 minutos (ver página 21), depois, remova o papel e os feijões e asse por mais 10 minutos.

Nesse intervalo, prepare o recheio batendo os ovos, a gema, o açúcar e o extrato de baunilha, mas não por muito tempo; você não quer fazer espuma, quer apenas misturar. Escalde o creme (ver página 21) e depois despeje-o, *muito gradualmente*, sobre os ovos, batendo o tempo todo.

Despeje o creme dentro da massa cozida, depois, coloque as metades das peras a intervalos regulares. Leve mais uma vez ao forno, por outros 30 minutos, mas fique de olho. Se as bordas da massa começarem a parecer que estão querendo ficar cozidas demais, cubra tudo com uma folha de papel-alumínio.

Deixe esfriar em uma grade e faça a cobertura brilhante adicionando uma colher de sopa de água fervente à geleia de damasco e colocando em seguida no micro-ondas, por 2 minutos, a meia potência. Passe a geleia quente em uma peneira, de modo que os pedacinhos de fruta fiquem de fora e o que vá para a tigela seja um líquido espesso.

Use um pincel de confeiteiro para passá-lo com delicadeza sobre a superfície do flã. Isso faz uma ENORME diferença no visual — é como a diferença entre você sair com ou sem batom. ENORME diferença.

Torta de Chocolate e Avelã

Estamos subindo um patamar com a massa de chocolate. Nada tão intimidador como poderia parecer inicialmente, porque a qualidade achocolatada vem do cacau em pó e não do chocolate derretido. O recheio, por outro lado, é um negócio delicioso, de uma densidade surpreendente. Chocolate e avelãs são uma grande combinação, e algum feitiço estranho acontece quando você acrescenta o café. Em vez de dar um sabor de café à torta, ele tem o efeito de realçar o sabor do chocolate.

Rende 8 fatias

Para a massa de chocolate
175g de farinha de trigo
50g de cacau em pó
1/2 colher de chá de fermento em pó
50g de açúcar de confeiteiro
140g de manteiga gelada e cortada em cubos
3 gemas de ovos

Para o recheio
160g de chocolate amargo (70% cacau)
140g de manteiga
140g de açúcar
140g de avelãs, moídas até virarem uma farinha fina
4 ovos separados
30g de cacau em pó
1 colher de sopa de café instantâneo dissolvido em 2 colheres de sopa de água fervente e depois resfriada

Unte generosamente uma fôrma de torta de 22cm de diâmetro, mas não vá preaquecendo forno nenhum ainda; segure as pontas!

Faça a massa peneirando junto a farinha, o cacau e o fermento. Acrescente o açúcar de confeiteiro, depois, incorpore a manteiga, usando os dedos ou o processador. Quando a mistura começar a parecer finas migalhas de pão, acrescente as gemas. Ela deve se tornar bem pegajosa nesse estágio.

Por causa de sua consistência úmida, é bem complicado lidar com essa massa, de modo que o meu conselho é que você não a abra com o rolo, use o método de abrir a massa descrito na página 122. Garanto que isso vai tornar a vida bem mais fácil.

Quando a fôrma estiver completamente forrada de massa, coloque na geladeira e deixe lá por pelo menos 20 minutos.

Preaqueça o forno a 200ºC e pré-asse a massa às cegas por 15 minutos (veja página 21). Remova, então, os feijões e o papel e asse por mais 5 minutos. Tire a massa do forno e reduza a temperatura para 160ºC.

Agora chegou a hora de fazer o fabuloso recheio. Derreta, juntos, o chocolate e a manteiga dentro de uma tigela refratária grande em banho-maria. Remova do calor, acrescente o açúcar, as avelãs moídas, as gemas, o cacau em pó e o café dissolvido, e bata.

Em uma tigela separada, bata as claras até formar picos firmes mas macios, depois, acrescente à mistura de chocolate. Despeje tudo dentro da massa e asse por 40 minutos — quando você tirar do forno, provavelmente, o meio não estará muito firme, mas é assim mesmo — e deixe esfriar em uma grade.

Retire da fôrma com muito cuidado e sirva fatias finas, porque ela é muito, muito intensa e você não há de querer que seus convidados (ou mesmo você) entrem em coma "chocólico".

Profiteroles

O que vamos fazer aqui se chama massa choux, e ela é *muito* mais fácil de preparar do que você possa imaginar. Muito mais! Eu não acreditava que nem em um milhão de anos fosse capaz de fazer profiteroles, mas fiz, e eles ficaram fantásticos.

Rende 15-18

Para a massa

85g de manteiga
1/2 colher de chá de açúcar
115g de farinha de trigo comum
uma pitada de sal
3 ovos médios batidos

Para o creme do recheio

450ml de creme de leite fresco
15g de açúcar de confeiteiro

Para a cobertura de chocolate

175g de chocolate amargo (70% cacau)
100ml de creme de leite fresco

Unte um tabuleiro grande com pouco óleo. Preaqueça o forno a 200ºC.

Coloque a manteiga e o açúcar dentro de uma panela grande com 200ml de água e aqueça em fogo brando até a manteiga derreter. Aumente o fogo, deixe a mistura ferver e então, com a rapidez de um relâmpago, despeje a farinha e o sal de uma vez dentro da panela.

Tire do fogo e mexa loucamente, até se formar uma pasta macia. Quando a pasta começar a enrolar, afastando-se dos lados da panela, acrescente um pouco dos ovos batidos. Quando essa porção estiver totalmente incorporada, acrescente mais um pouco dos ovos, e mexa de novo. Continue adicionando os ovos até a mistura ficar macia e brilhante.

Aqueça uma colher de sopa em uma caneca de água quente, e utilize-a em seguida, para tirar uma colherada da mistura e colocar no tabuleiro. Use seu dedo para "encorajar" a massa a sair da colher, depois, limpe a colher, aqueça-a na água e faça tudo novamente. Deixe um espaço de pelo menos 5cm entre os profiteroles, porque eles vão inchar e se expandir durante o cozimento.

Asse por 25 a 30 minutos, retire do forno e fure a parte de baixo de cada bolinho. Depois leve de volta ao forno, com o furo virado para cima, por mais 5 minutos. Tire do forno e deixe esfriar sobre uma grade.

Para o recheio, bata o creme até formar picos macios. Acrescente o açúcar de confeiteiro e mexa. Corte horizontalmente cada profiterole em dois e faça um sanduíche das duas metades com uma colher de sopa de creme batido no meio.

Prepare a cobertura derretendo o chocolate em uma tigela refratária em banho-maria. Acrescente o creme e mexa bem. Deixe esfriar e engrossar um pouco, depois, acrescente uma colherada generosa sobre cada profiterole.

Espere até que a cobertura de chocolate tenha esfriado e assentado. Sirva com orgulho por sua realização.

"Tarte Tatin" de Abacaxi com Massa Folhada

Esta torta é uma homenagem à Tarte Tatin clássica, que, se minhas informações estão corretas, é uma torta de maçã de cabeça para baixo. O que acontece é que você caramelizada as maçãs em uma frigideira, depois, acrescenta a massa (em geral, massa podre, acho eu), assa, inverte tudo sobre um prato, de modo a que as maçãs fiquem por cima.

Esta torta trabalha com o mesmo princípio — a fruta é caramelizada em uma frigideira, depois, coberta pela massa. Mas o que a torna especial é o recheio. Trata-se de uma combinação de abacaxi, pimenta-do-reino e — prepare-se! — pimenta chili seca em flocos. Funciona. É estranho, mas funciona. Você só tem que ter cuidado, porque a pimenta chili seca em flocos é muito, muito, muito forte.

Serve 10 porções

Para o recheio

75g de manteiga
75g de açúcar mascavo claro
uma "espremida" de suco de limão-siciliano
450g de abacaxi em pedaços — pode ser de lata ou fresco, mas não deve ter caldo
uma pitada de sal
1 colher de chá de pimenta-do-reino
1/2 colher de chá de pimenta chili seca em flocos

Para a massa

um pacote de 340g de massa folhada pronta*

* Fazer massa folhada é o diabo. Até os chefs profissionais usam massa pronta, e não há nada de errado em procedermos da mesma maneira. Sinta-se à vontade para comprar a congelada, nenhuma vergonha quanto a isso também, mas calcule umas oito horas de tempo de descongelamento.

Preaqueça o forno a 200ºC. Em uma frigideira refratária de aproximadamente 22cm de diâmetro, dissolva em fogo brando a manteiga, o açúcar e o suco de limão, até que se forme um caramelo. Mexa sem parar com uma colher de pau — isso queima num piscar de olhos. Continue mexendo. Talvez você ache isso um tédio. Pense em algo interessante e continue mexendo. Finalmente, todo o açúcar se dissolverá e você terá um caramelo.

Aumente o fogo um pouquinho e adicione os pedaços de abacaxi, o sal, a pimenta-do-reino e os flocos de chili. Continue mexendo. Uma quantidade grande de suco vai se desprender do abacaxi ao cozinhar, de modo que a textura espessa da calda vai mudar para algo mais parecido com xarope. Não se preocupe, está tudo bem.

Em uma bancada polvilhada com farinha, abra com o rolo a massa folhada, até ela tomar uma forma vagamente circular. Como a massa folhada (eu descobri) tem tendência a encolher quando está no forno, faça seu círculo de massa bem maior que o diâmetro da frigideira. Junte os pedaços de abacaxi mais para o centro da frigideira, então, cubra-a com a massa, colocando o excesso de massa nos lados. Fure com um garfo quatro ou cinco vezes.

Asse por 15 minutos a 200ºC, então, abaixe para 180ºC e asse por mais 15 minutos. Durante o cozimento, a massa talvez inche em forma de abóbada. Basta colocar uma espátula (ou utensílio semelhante) sobre ela e empurrá-la novamente para baixo. O ar vai sair através dos furos que você fez anteriormente com o garfo e tudo vai ficar bem. Se ela tentar inchar mais uma vez, pegue a espátula de novo e a achate. Ela não manda em você.

Retire a torta do forno, deixe-a esfriar completamente sobre uma grade, depois, inverta-a com todo cuidado sobre o prato em que será servida.

Enroladinhos de Creme de Limão* e Pistache

Esta é outra receita fabulosa na qual você, descaradamente, usa massa folhada comprada em loja.

Rende 16 enroladinhos

Um pacote com 2 folhas de massa folhada pronta, congelada, peso total de 425g**

Para o recheio

160g de creme de limão

160g de sementes de pistache cortadas em pedaços irregulares

Forre dois tabuleiros com papel-manteiga e preaqueça o forno a 220°C.

Espalhe metade do creme de limão sobre a primeira folha de massa — deverá ser uma cobertura bem fina, mera pincelada —, depois, espalhe metade do pistache. Segure na extremidade menor da massa, levante-a ligeiramente e comece a enrolá-la para dentro, sobre si mesma, tão apertada quanto possível, mas não tão apertada que o recheio comece a espirrar pelos lados (isso fica mais fácil com a prática, garanto). Aja com paciência, mas confiança, certificando-se de que o enrolamento está acontecendo com regularidade no sentido da largura da massa.

Muito em breve ela vai estar toda enrolada, e você terá uma pequena tora.

Repita todo o processo com a segunda folha de massa e o restante do creme de limão e dos pistaches.

Use uma faca de serra para cortar cada tora em oito pedaços iguais. Pode ser que você tenha que mergulhar a faca na água de vez em quando, porque o recheio de creme de limão pode agarrar nela e dificultar o corte. Com muito cuidado, coloque os pedaços dentro dos tabuleiros. Deixe bastante espaço entre eles, porque a massa vai inchar e se expandir.

Asse por cerca de 20 minutos. Pode ser que vaze um pouco de recheio de alguns, mas não se incomode com isso. Vigie, porém, para que não agarrem no fundo.

Quando tirar os enroladinhos do forno, prepare-se para se surpreender com a aparência profissional e impressionante deles totalmente diferente da última vez em que você os viu.

Deixe-os no tabuleiro enquanto esfriam.

Você pode recriar essa receita com um milhão de recheios diferentes — geleia de cereja e avelãs picadas, por exemplo. Ou creme de limão tahiti — você já teve o prazer? Muito difícil de encontrar, mas oh, meu Deus!, tão delicioso, muito melhor que o de limão-siciliano, se você quer saber — acompanhado de nozes de macadâmia picadas. Deixe sua imaginação correr solta! Mas *nunca* minta sobre a massa ter sido comprada pronta.

* Creme de limão (lemon curd) é um creme de consistência espessa, feito com limão-siciliano, manteiga, ovos e açúcar.

**As que eu comprei eram retangulares, de 28x21,5cm. Vieram enroladas, de modo que, quando ainda congeladas, eu as desenrolei e estiquei. Cada uma veio em um plástico (azul, se é que interessa), então, eu as deixei sobre o plástico e não precisei me incomodar em polvilhar uma superfície com farinha. Em uma hora e meia estavam descongeladas.

Baklava de Chocolate

Esta é outra receita sem vergonha de usar massa comprada pronta, dessa vez, massa filo. Uma baklava, porém. Céus, eu estava intimidada. Tão intimidada que tive que envolvê-lo, porque Ele tem uma porção de qualidades que me faltam — paciência, destreza e paciência. E ele é muito paciente também (eu, defensivamente, me descrevo como uma pessoa mais de "ideias"). Portanto, usando nossas personalidades diferentes, mas simbióticas, preparamos juntos uma baklava, e, juro por Deus, ficamos tão orgulhosos do produto final que foi quase como se tivéssemos tido um bebê. Ficamos tirando fotos dela como as pessoas costumam fazer com os recém-nascidos.

Por um lado, eu tinha razão de estar tão intimidada — a massa filo é muito frágil, folhas grandes são difíceis de manusear sem rasgar. Mas, da próxima vez, acho que já posso fazer sozinha. Vou conduzi-lo passo a passo na execução da baklava, de modo que você possa fazer sem ajuda, se quiser.

A Nutella foi ideia minha (não disse que sou uma pessoa de "ideias")?

Rende cerca de 20 baklavas, de aproximadamente 4x5cm

Para a baklava

12 folhas de massa filo cruas e descongeladas*
250g de sementes de pistache
200g de nozes
100g de nozes pecã
6 favas de cardamomo
160g de Nutella
175g de manteiga

Para o xarope

300g de açúcar cristal
2 tampas de água de rosas

*As únicas folhas de massa filo que encontrei tinham exatamente a mesma largura da minha fôrma, mas eram muito compridas. Sofri pensando no que fazer com o excesso e não consegui achar uma solução, e, com certeza, houve desperdício. Você talvez tenha a sorte de achar folhas mais curtas. Ou pode ser que a sua forma seja mais comprida.

Use um tabuleiro de 25 x 30cm. Preaqueça o forno a 180°C.

Deixe a massa à espera, mas a mantenha coberta com um pano úmido, pois ela resseca com muita rapidez.

Faça o recheio colocando todas as nozes e as favas de cardamomo dentro do processador e moa até ficarem bem pequenas. Não uma poeira completa, mas, digamos, do tamanho de migalhas de pão grandes. Coloque-as em uma tigela separada, adicione a Nutella e misture bem. Reserve.

Derreta a manteiga até se tornar líquida. Usando um pincel de confeiteiro, passe bastante manteiga derretida no fundo e nos lados do tabuleiro que você vai usar. E agora vem o que talvez se torne um desafio. Pegue uma folha de massa filo e deposite-a delicadamente no fundo do tabuleiro. Com cuidado, pincele-a com manteiga derretida, depois, pegue outra folha de massa, coloque-a sobre a primeira e pincele com manteiga derretida. Continue, até você ter colocado 6 folhas de massa filo, uma sobre a outra, com uma camada de manteiga derretida entre elas.

Lembre-se, a massa é muito fina e frágil. Ele ficou encarregado de colocar as folhas, uma sobre a outra, no tabuleiro, e eu, de pincelar a manteiga derretida, e foi um trabalho bem intenso. A certa altura, Ele comentou: "Imagine se você tivesse que realmente *fazer* a massa filo, além de todas essas outras coisas." Ficou pensando

um bom tempo sobre o assunto e depois murmurou: "Meu Deus, não admira que o Império Otomano tenha desmoronado."

Quando as seis camadas estiverem dispostas, espalhe a mistura nozes/cardamomo/Nutella por igual sobre toda a superfície. Agora está na hora de começar a preparar a parte de cima de sua baklava. Coloque uma folha de massa sobre a mistura nozes/Nutella, pincele com manteiga derretida, coloque outra camada de massa, pincele com manteiga derretida, e assim por diante, até você ter usado toda a massa. (Ao todo, você deve usar 12 folhas de massa, 6 embaixo do recheio e 6 em cima.) Termine com uma camada de manteiga derretida.

Chegou a hora de cortar a baklava — é mais fácil fazer isso agora do que mais tarde, quando ela estiver cozida. O tradicional é servir baklava em forma de losangos, e a melhor maneira de fazer isso é, primeiro, cortar a baklava antes de cozida, no tabuleiro, em quatro tiras compridas (indo até embaixo, na camada de massa mais profunda). Depois, corte linhas diagonais — quanto mais linhas, menores ficarão as baklavas individuais. Ele cortou, aproximadamente, cinco linhas diagonais, o que acabou nos rendendo 20 pedaços, mas, se você fizer mais linhas, mais perto umas das outras, terá mais bolos — embora menores.

Asse por 20 minutos, depois, abaixe a temperatura para 150ºC e asse por mais 30 a 40 minutos.

Enquanto isso, faça o xarope dissolvendo o açúcar em 275ml de água com água de rosas. Mexendo constantemente, leve a mistura ao ponto de fervura, mas tome cuidado para que não queime. Deixe esfriar.

Quando a baklava sair do forno, passe novamente uma faca afiada nos cortes diagonais, depois, derrame o xarope ao longo das "linhas de interseção". Deixe a baklava absorvendo o xarope por umas boas horas, de um dia para o outro, se possível. Este é um bolo surpreendente, de tão delicioso que é, e as pessoas simplesmente não vão acreditar que você o fez sem a ajuda de ninguém.

MERENGUES E MACARONS

Mirtilo com Merengue

Pavlova de Gengibre e Abacaxi da Shirley

Torta Reforma Zagina (Bolo de Chocolate Reformado da Zaga)

Torta Merengue de Banana

Macarons Básicos de Cranberry

Macarons de Manga

Macarons de Maçã Verde

Macarons de Tiramisu

Macarons Muito Achocolatados

As pessoas têm medo dos **MERENGUES**. Veem a clara de ovo como alguém escorregadio — em quem não se pode confiar, caprichoso e até traiçoeiro. E eu concordo que a clara de ovo tem que ser manipulada da maneira certa. Mas existe um segredo para controlar os merengues, e este segredo é ter só um pouquinho de TOC (transtorno obsessivo-compulsivo), manter a tigela superlimpa, a batedeira e os acessórios superlimpos (não que eles não estejam limpos, claro) e separar os ovos com um cuidado extremo — não deixar que nem um átomo de gema caia nas claras (razão pela qual eu recomendo usar três tigelas, veja a dica na página 21). O que acontece é que qualquer espécie de gordura é inimiga do merengue. Não vou enrolar você com ciência, mas, basicamente, a gordura interfere. Ela impede que as claras fiquem espumosas e firmes, de modo que você pode continuar batendo até o dia do Julgamento Final, e suas claras ainda estarão olhando para você com uma resistência de mula, recusando-se a crescer.

Aparentemente, também existe o perigo de bater demais as claras e fazer a mistura endurecer. Entretanto, isso nunca aconteceu comigo. Tenho pouca capacidade de concentração e fico entediada muito antes de chegar a esse ponto.

A melhor tigela para se fazer merengues é a de cobre — acontece alguma reação química que estabiliza as claras —, mas eu não tenho tigela de cobre e mesmo assim consigo fazer os doces; portanto, não se estresse.

Pela minha experiência, há várias versões de merengues, e isso tem muito a ver com a temperatura e o tempo de cozimento. Você encontra merengues que são secos, crocantes, quase como giz. E existem merengues que parecem bolos, feitos com uma grande quantidade de nozes moídas. Às vezes, os merengues são usados como coberturas de tortas, de modo que são dourados pelo lado de fora mas ainda "úmidos" por dentro. E há merengues com uma consistência mastigável, como os **MACARONS**. Eles são todos fabulosos.

Mirtilo com Merengue

Uma ótima e fácil introdução aos merengues. Muito simples.

Há pouca coisa que pode dar errado aqui. Este é um merengue "seco", e como ele será quebrado em pedacinhos, realmente, não tem importância se você o assar demais ou de menos. A única coisa mais complicada aqui é que o merengue precisa ser feito no dia anterior ao que você deseja comê-lo.

Serve 4

Para o merengue
2 claras
120g de açúcar
corante alimentar azul, do tipo gel

Para o recheio
200-300g de mirtilos
400g de iogurte grego, brilho azul, comestível (opcional)*

Preaqueça o forno a 140ºC e forre dois tabuleiros com papel-manteiga.

Em uma tigela, na qual você fez uma limpeza TOC, bata bem as claras, até ficarem firmes de verdade, tão firmes que você possa virar a tigela de cabeça para baixo sobre a sua cabeça sem que elas caiam. Certifique-se de que estão bastante firmes antes de tentar essa manobra. Adicione a metade do açúcar, continue a bater, até que a mistura esteja acetinada, e, então, adicione o restante do açúcar.

Usando um palito, acrescente uma pequena quantidade de corante alimentar. Mexa e, se o azul estiver do seu gosto, pare. Se você preferir mais azul, acrescente um pouquinho mais — apenas uma quantidade bem pequena, um tiquinho só faz muito efeito —, e mexa novamente. Quando você alcançar o azul desejado, com uma colher de sopa coloque porções de merengue do tamanho de uma bola de golfe dentro dos tabuleiros.

Asse por 1 hora e 20 minutos, então, desligue o forno e deixe os merengues ficarem lá dentro até o dia seguinte. (Se precisar do forno para alguma outra coisa, tenho certeza de que é possível tirar os merengues e colocá-los sobre a bancada. De qualquer maneira, é preciso deixar que eles descansem até o dia seguinte.)

No dia seguinte, logo antes de servir, quebre os merengues em pedacinhos. Coloque uma camada desses cacos azuis no fundo de quatro tigelas pequenas (use tigelas de vidro para um impacto maior, mas se você for como eu e não tiver tigelas de vidro, use taças de vinho no lugar delas). Coloque por cima uma camada de mirtilos, uma camada de iogurte e, depois, outra camada de merengue, e continue assim até que as tigelas ou cálices estejam cheios, e então pare. Cobrindo tudo, salpique o brilho azul.

* Disse opcional, mas para mim é vital.

Pavlova de Gengibre e Abacaxi da Shirley

Shirley é minha mui adorável sogra que, sem esforço algum, produz todo tipo de obras-primas de confeitaria com o mínimo estardalhaço. Este aqui é um velho favorito d'Ele, que fica com os olhos marejados só de falar neste merengue. Fiz o melhor que pude, mas, obviamente, o meu nunca poderia chegar aos pés do que a mãe dele faz.

Serve 6-8

Para o merengue
3 claras
170g de açúcar

Para o recheio
6 pedaços de gengibre em conserva
250g de abacaxi fresco (em lata também serve, é só escorrer a calda de uma lata de 450g)
250ml de creme de leite fresco
1 colher de sopa da calda do gengibre em conserva

Preaqueça o forno a 80ºC. Sim, parece um absurdo de baixo, mas o cozimento leva um tempo muito longo, entre 2h e 30 min e 3h. Forre três tabuleiros com papel-manteiga e desenhe um círculo de 17cm de diâmetro em cada folha. Você pode desenhar em volta do fundo de uma fôrma ou da tampa de uma panela, o que você tiver à mão.

Bata as claras até que fiquem realmente firmes. Continuando a bater, acrescente uma colherada de açúcar, depois outra. Vá acrescentando colherada a colherada até colocar todo o açúcar. Divida a mistura igualmente — ou tão igualmente quanto possível — entre os três tabuleiros, enchendo os círculos. Use sua espátula violeta (ver página 16) para alisar os topos e as beiradas.

Asse por pelo menos 2h e 30 min, trocando os tabuleiros de posição na metade do tempo de cozimento, até os merengues ficarem duros ao toque e com uma coloração bege bem clara. Se você quer que o seu merengue seja um pouco mais molinho, tire do forno com 2h e 30 min, mas, se você o preferir mais seco, complete as 3h. De qualquer maneira, seja qual for a sua decisão, retire o papel-manteiga com muito cuidado — esses doces são frágeis —, e deixe-os esfriar nos tabuleiros.

Quando estiverem totalmente frios, corte os pedaços de gengibre e o abacaxi bem finos. Bata o creme até que ele tome forma, mas não esteja firme demais, então, acrescente a calda de gengibre e bata. Junte o gengibre (reservando um pouco para a decoração) e o abacaxi e mexa.

Coloque um círculo de merengue em um prato bonito e o cubra com metade da mistura creme/gengibre/abacaxi. Coloque outro círculo de merengue em cima e adicione o restante do creme. Coloque — isso! Você já sabia! — seu terceiro pedaço de merengue por cima de tudo. Arrume o melhor que puder e salpique o restante do gengibre cortado por cima. Este doce é delicioso. Mas não tão delicioso como seria se tivesse sido feito pela própria Shirley. Obviamente.

Torta Reforma Zagina
(Bolo de Chocolate Reformado* da Zaga)

Você sabe quem é Zaga, da receita do bolo de mel (ver página 107), e, como eu já disse, ela é uma cozinheira incrível.

Este bolo é fabuloso, muito especial. Zaga costumava fazê-lo nos aniversários de Ljiljana. É um merengue combinado com uma grande quantidade de avelãs moídas, e isso lhe dá uma consistência de bolo, embora ele não leve farinha de trigo. E o que é realmente incrível é que as gemas que sobram são usadas para criar uma cobertura de chocolate intensa e consistente. Geralmente não sei o que fazer com as gemas que sobram, então, temporariamente, coloco-as na Tigela da Vergonha (ver página 21). E guardo na geladeira, contando a mim mesma mentiras elaboradas sobre o mundo de coisas que vou fazer com as gemas — massas, omeletes, mil coisas. Mas não faço, e, nos dois dias seguintes, a culpa cresce e cresce até eu mal conseguir entrar na cozinha; até que, em certo ponto, desisto: corro depressa e, em um frenesi louco, jogo as gemas no lixo.

Agora, sobre este bolo — é feito em quatro camadas (o meu primeiro! Eu nunca tinha feito bolo com mais de três camadas!). O fato de ter muitas camadas é a melhor coisa dele porque, visualmente, fica deslumbrante, mas isso significa que você precisa de quatro fôrmas (de 17cm de diâmetro, se possível). Sei que a maioria das pessoas não tem quatro fôrmas do mesmo tamanho. Talvez você possa pedir emprestado algumas? Ou tentar assar as bases em duas etapas? Ou, como disse Zaga: "Uma ideia é assar tudo em um tabuleiro bem grande e cortar em quatro pedaços."

Serve 12-14

10 ovos
500g de açúcar
300g de avelãs, moídas do tamanho de migalhas de pão
150g de chocolate amargo (70% cacau)
250g de manteiga, à temperatura ambiente

*Não conseguimos chegar ao significado do nome. Será, talvez, porque os ovos se separam e depois se "reformam"?

Durma bem na noite anterior. Você precisa estar bem inspirada para fazer este bolo.

Unte quatro fôrmas de 17cm de diâmetro e depois forre-as com papel-manteiga. Preaqueça o forno a 180ºC.

Separe os ovos. Bata 10 claras e, quando estiverem firmes, acrescente 300g do açúcar, reservando o restante para a cobertura. Adicione, então, as avelãs moídas, misture bem e despeje na fôrma (ou fôrmas) usando a espátula para alisar a parte de cima. Asse por 15 minutos. Do forno, direto para a grade — talvez se forme uma fila —, e deixe até estarem totalmente frios.

Agora, a cobertura. Coloque cerca de 2 litros de água para ferver. Diminua o fogo e coloque a tigela contendo as 10 gemas sobre a panela (mas sem encostar na água). Acrescente os restantes 200g de açúcar e bata — de modo que você estará aquecendo e batendo ao mesmo tempo, se é que isso faz sentido. Eu nunca tinha feito isso antes, era tudo novo e maravilhoso.

MERENGUES E MACARONS

À medida que as gemas cozinham, sua consistência muda e engrossa. Estamos andando na corda bamba aqui, porque não queremos ovos mexidos, mas eles precisam alcançar 160º C para não ficarem crus e você não correr o risco de contaminar as pessoas — e você mesma — com salmonella. Cheque a temperatura usando um termômetro, se tiver um (eu não tenho). Ou, então, a mistura vai cobrir uma colher de metal ou borbulhar no canto da tigela. Admito que fiquei muito ansiosa com isso, mas foi ótimo ter algo real com que ficar ansiosa em vez daquela coisa habitual flutuando livre ao acaso.

Quando as gemas estiverem suficientemente quentes, comece a jogar o chocolate dentro da tigela, pedaço por pedaço, para que ele derreta. Continue batendo. Quando todo o chocolate estiver derretido, afaste a tigela do calor e deixe a mistura esfriar completamente. Acrescente a manteiga em creme à mistura gemas/chocolate e bata bem.

Chegou a hora de montar o bolo, e essa foi a parte que eu achei mais desafiadora. Disponha uma camada do bolo sobre um prato — pegue o maior pedaço de bolo, sei que, teoricamente, todos são do mesmo tamanho, mas os meus não eram — e, então, espalhe uma camada grossa de cobertura. Coloque, com cuidado, a camada de bolo seguinte (a segunda maior) em cima da cobertura, esforçando-se para centralizá-la, de modo que suas beiradas se alinhem com as beiradas da camada inferior. Isso exigiu mais habilidade do que eu previa.

Espalhe outra camada grossa de cobertura, então, adicione a camada seguinte de bolo e assim por diante, até que as quatro camadas estejam empilhadas (e alinhadas, espero) umas sobre as outras, coladas entre si com a adorável e espessa cobertura. Cubra a parte de cima e os lados do bolo com o restante da cobertura e coloque-o na geladeira por duas horas.

MAS! Vigie-o como um gavião! Cheque a cada 15 minutos porque ele pode começar a "deslizar" — algumas camadas intermediárias podem romper a formação e começar a inchar como hérnias. Se isso acontecer, encoraje-as — gentil mas firmemente — a voltarem para o lugar empurrando-as com o lado chato de sua espátula violeta (ver página 16). Sim, aconteceu comigo, houve certo deslizamento, mas nada importante na verdade. As pessoas ficaram surpresas e deslumbradas com este bolo. Meus amigos ficaram admirados e meus inimigos, doentes.

Torta Merengue de Banana

Tal como a receita anterior, você só deve preparar *esta* quando tiver tempo de sobra e enorme desejo de se concentrar em algo que não seja a sua própria pessoa. Esta torta é um desafio em três partes — você tem que fazer e assar a massa da base (dê uma olhada na seção de tortas deste livro se você nunca fez massa de torta antes), tem que criar o creme de banana a partir do zero e tem que bater, aplicar em espirais e assar a cobertura de merengue. Até para cortar esta criatura em fatias é preciso ter um modo especial. Entretanto — sim, entretanto — finalizada, ela tem visual e sabor MARAVILHOSOS. Você vai sentir muito orgulho de ter feito esta torta.

Serve 6-8

Para a massa

170g de farinha de trigo
uma pitada de sal
100g de manteiga gelada, cortada em cubos

Para o creme de banana

500ml de leite
130g de açúcar
100g de farinha de trigo
1/4 de colher de chá de sal
4 gemas (guarde as claras para o merengue mais tarde)
1 colher de chá de essência de banana*
55g de manteiga, gelada e cortada em cubos
4 bananas médias

Para o merengue

4 claras
170g de açúcar
1/4 de colher de chá de cremor de tártaro ou 1/2 colher de chá de suco de limão
uma pitada de sal

Para fazer a massa, peneire a farinha e o sal dentro de uma tigela e depois acrescente a manteiga em cubos. Use a ponta dos dedos para juntar pedacinhos de manteiga e pequenas quantidades de farinha, até a mistura ficar parecendo finas migalhas de pão. Adicione uma ou duas colheres de sopa de água fria, se necessário.

Coloque a massa na geladeira por uma hora e depois a abra sobre uma superfície polvilhada de farinha. Preaqueça o forno a 180°C e unte com manteiga, e, generosamente, uma fôrma de torta de 20cm de diâmetro e profundidade de 5cm, e forre-a com a massa.

Asse às cegas por 15 minutos, então, retire do forno e reserve.

Para fazer o creme de banana, comece por escaldar o leite (ver página 21). Em uma panela separada — uma panela grande, grande o suficiente para, no final, conter todos os ingredientes do creme — peneire o açúcar, a farinha e o sal. Pouco a pouco, vá colocando o leite quente e batendo. Mexendo sempre — a mistura vai se tornar muito grossa e resistente, você vai suar um bocado —, deixe ferver, cozinhe por 1 minuto e depois retire do fogo.

Em uma tigela separada, bata as gemas por alguns minutos; depois, lentamente, adicione uma xícara da mistura de leite quente/açúcar. Continue batendo até tudo estar completamente integrado e, então, despeje toda a mistura de gemas/farinha/açúcar dentro da panela onde a maior parte da mistura leite/açúcar está à espera. (A razão de todo esse vaivém é nivelar a temperatura para que as gemas não talhem.)

...

* Sei que não devia estar defendendo coisas artificiais, mas adoro essência de banana. Compro em uma loja de artigos asiáticos próxima. É tão saturada de substâncias químicas que acho que pode, na verdade, ser ilegal. Porém, é deliciosa.

Cozinhe em fogo brando por alguns minutos — a mistura vai engrossar ainda mais. Retire do fogo e adicione a essência de banana e a manteiga em cubos. Mexa até a manteiga derreter e depois deixe a mistura esfriar, até estar na temperatura ambiente. Por se tratar de um creme, há grande probabilidade de que se forme uma película na superfície. Se você fica arrepiada só de pensar nisso, cubra-o com papel-manteiga — isto é, coloque, literalmente, o papel pousado sobre o creme, não acima dele somente.

Corte as bananas em fatias bem finas e forre com elas a base da torta, superpondo umas às outras. Quando o creme estiver frio, retire o papel-manteiga. Com uma colher, vá colocando o creme dentro da base de massa, cobrindo as fatias de banana. Use sua espátula violeta (ver página 16) para espalhá-lo por igual. Deixe assentando por umas 2 horas.

Quando o tempo estiver se esgotando, preaqueça o forno a 180ºC.

Faça o merengue batendo as claras até ficarem firmes. Adicione o açúcar aos poucos, depois o cremor de tártaro e o sal. Faça espirais de merengue sobre o creme já firme, certificando-se de que elas estão chegando até a beira da massa, porque o merengue se contrai ligeiramente quando cozinha e você não vai querer que ele exponha o recheio.

Asse por 20 minutos, até o merengue ganhar uma coloração bege-clara e ficar quebradiço ao toque. Entretanto! AVISO! AVISO! AVISO! Os ovos não estão totalmente cozidos; portanto, não sirva esta torta, impecável se não fosse por isso, a pessoas vulneráveis — estou me referindo a crianças, idosos, grávidas e pessoas com o sistema imunológico comprometido. É muito pouco provável que elas sejam contaminadas pela salmonella, mas, como eu disse na página 108, vivemos em tempos litigiosos. E, além disso, você não quer nada pesando na sua consciência — Deus é testemunha de que já lutamos bastante com nossa culpa existencial mesmo sem ter envenenado ninguém, não é? Esfrie a torta sobre a grade e depois coloque-a na geladeira por umas duas horas.

Para fatiar: INSTRUÇÕES ESPECIAIS! Coloque um recipiente com água bem quente ao lado. Mergulhe uma faca afiada na água quente e corte uma fatia atravessando o merengue, mas não até embaixo, passando pelo creme e pela massa da base. Mergulhe a faca na água novamente e corte outra fatia, atravessando só o merengue. Continue a marcar as fatias, mergulhando a faca na água a cada vez. Quando todas as fatias estiverem marcadas no merengue, então, e só então, corte até embaixo, através do creme e da massa. Sirva frio.

Você pode fazer isto: você pode fazer **MACARONS**. Entretanto, eles não vão ser todos adoráveis e perfeitos e do mesmo tamanho, do jeito que são na Ladurée.* Você consegue se conformar com isto?

Se não, pare por aqui mesmo, do contrário vai acabar fundindo a cuca. Mas, se é capaz de aceitar que seus macarons podem ficar tortos, com uma forma engraçada e, ainda assim, serem dignos de existir, então prossiga.

Para obter sempre a mesma consistência, confeiteiros profissionais pesam as claras, deixando apenas uma quantidade certa na tigela. Entretanto, não somos confeiteiros profissionais. Nós arriscamos, vivemos no limite, aceitamos que algumas claras são maiores que as outras e, portanto, cada fornada de macarons que fazemos será única. Não nos desesperamos com isso, oh, não, celebramos a individualidade deles.

* Ladurée é uma fábrica francesa de doces, sediada em Paris, famosa por seus macarons. (N.T.)

Macarons Básicos de Cranberry

Este é um macaron sem sabor — o sabor está no recheio —, portanto, você pode usar esta receita para fazer incontáveis variações. Gosto, porém, de colorir cada fornada para combinar com o sabor. Uso gel comestível em vez de corante líquido porque o liquido pode fazer o merengue "desmoronar" e se espalhar pelo tabuleiro, e Deus sabe que, em matéria de experiências deprimentes, essa é bem ruim.

Rende aproximadamente 30 macarons "simples", o que dá 15 pares

Para os macarons

2 claras
150g de açúcar
120g de farinha de amêndoas
120g de açúcar de confeiteiro
corante alimentar rosa, do tipo gel

Para o recheio

150ml de creme de leite fresco
2 colheres de sopa de geleia cranberry

Não ligue o forno ainda. Forre dois tabuleiros com papel-manteiga. Usando um cortador de biscoitos circular e um lápis macio, desenhe 12 círculos no papel-manteiga, deixando uns bons 5cm entre cada círculo. (Você não PRECISA fazer isso, só que eu acho útil saber a quantidade aproximada de massa que devo colocar para cada macaron.) Depois, vire o papel ao contrário, de modo que o lado que você desenhou a lápis fique para baixo, senão, as marcas de lápis vão passar para os macarons e você vai acabar comendo-as. Não acredito que lápis sejam venenosos, mas nada de dar chance ao azar, e como você ainda pode ver os círculos marcados, está tudo bem. Procure se certificar de que o papel-manteiga está totalmente plano (use fita adesiva, se for preciso), porque os macarons são tão leves que até uma ligeira inclinação no papel vai deixá-los marcados. Faça o possível para nivelar.

Bata as claras até ficarem firmes. Adicione uma colher de sopa de açúcar e bata novamente. Continue adicionando o açúcar e batendo. Quando tiver colocado todo o açúcar, acrescente farinha de amêndoas, o açúcar de confeiteiro e o gel colorido. Mexa meticulosamente.

Certo. Dá para encarar um saco de confeitar? Se não dá, não se preocupe. Apenas coloque duas colheres de chá da massa para encher os pequenos círculos desenhados no papel-manteiga. "Encoraje-os" a se tornarem formas circulares bem-feitas, mas NÃO PERCA A CABEÇA. Se vamos seguir o método do saco de confeitar, dou-lhe os parabéns. Vamos lá. Encaixe um bico simples de 1cm no saco de confeitar e dobre um "punho" de 5cm nele. Sinto muito se isso é terrivelmente desconcertante. Se você está com vontade de chorar, use o método da colher de chá em vez disso, eu lhe peço. Não fique infeliz. Mas se você está procurando diversão, vamos em frente. Coloque a mistura dentro do saco e empurre-a para o fundo, tentando expulsar bolhas de ar. Quando estiver tudo lá dentro, desenrole o "punho" e torça o saco para fechá-lo.

Segurando o saco de confeitar diretamente sobre o centro de um dos círculos desenhados no tabuleiro, esprema um macaron torcendo o saco de confeitar. Quando o círculo estiver cheio, afaste o saco com um floreio, deixando para trás seu macaron. Sobre ele haverá uma cabeça grande, estranha, pontuda. Não se preocupe, ela vai abaixar no forno. Agora repita o exercício. Continue. Vá em frente, e quando tiver esvaziado o saco de confeitar, tire um momento para se congratular. Deixe os tabuleiros descansarem sobre a bancada por cerca de meia hora — isso cria uma crosta agradável nos macarons.

Preaqueça o forno a 150ºC e asse por 25 minutos. Esfrie sobre a grade e, depois de 20 minutos, use a espátula para levantar os macarons do papel-manteiga. Com delicadeza, porque eles são frágeis. Faça de conta que o macaron é você.

Deixe-os esfriar um pouco mais e, nesse intervalo, faça o recheio. Bata o creme até que ele tome forma, e depois misture a geleia de cranberry. Use a mistura de creme para rechear sanduíches de pares de macarons, "casando" pequenos com pequenos, ovais com ovais e assim por diante. E também — somente se você quiser — colocando os quebrados ou deformados nas camadas de baixo. Finalmente, admire-os. Celebre a esquisitice única deles. Depois, celebre a sua.

Macarons de Manga
Exatamente o mesmo que os Macarons Básicos de Cranberry, exceto que usei corante alimentar amarelo em vez de cor de rosa e geleia de manga em vez da de cranberry.

Macarons de Maçã Verde
O mesmo que os Macarons Básicos de Cranberry, exceto que usei corante alimentar verde e purê de maçã em vez de geleia cranberry.

E assim por diante... usando uma infinidade de variações de cores e sabores. O prazer que isso proporciona!

Macarons de Tiramisu

Estamos subindo de patamar aqui, mas não se assuste. O que torna estes macarons de "tiramisu" tão opostos a qualquer outro tipo é o recheio. Os macarons em si são quase idênticos aos Macarons Básicos de Cranberry.

Rende 15 pares

Para os macarons
2 claras
150g de açúcar mascavo
120g de farinha de amêndoas
120g de açúcar de confeiteiro
1 colher de sopa de café solúvel, dissolvido em uma colher de sopa de água fervente e depois resfriado por completo
cacau em pó, para polvilhar

Para o recheio
100g de queijo mascarpone
1 colher de sopa de vinho Marsala (opcional)*
1 colher de sopa de café solúvel, dissolvido em uma colher de sopa de água fervente e depois resfriado

* O álcool não vai evaporar por cozimento; portanto, não dê estes macarons para crianças e pessoas que precisam evitar álcool.

Forre dois tabuleiros com papel-manteiga, seguindo as instruções dos Macarons Básicos de Cranberry (ver página 151).

Bata as claras até ficarem firmes, acrescente gradualmente o açúcar, depois a farinha de amêndoas e o açúcar de confeiteiro, o blá blá blá de sempre. Você deverá prestar atenção na hora de adicionar o café. Quando eu digo "dissolvido em uma colher de sopa de água fervente", quero dizer literalmente isso. Apenas uma colher de sopa. Nas minhas primeiras tentativas de fazer estes macarons, coloquei líquido demais e os macarons ainda não cozidos se espalharam pelo tabuleiro, juntaram-se uns aos outros e se tornaram um único desastre grande e achatado. O café também tem que estar totalmente frio porque, se não estiver, o calor vai afetar a consistência do merengue, deixando-o também sujeito a correr como louco. Portanto, adicione uma colher de sopa de café dissolvido e resfriado e mexa com cuidado.

Usando duas colheres de chá ou o saco de confeitar (ver página 151), confeccione seus macarons sobre o papel-manteiga. Deixe-os descansarem por cerca de meia hora e então ligue o forno, a 140°C.

Asse por 30 minutos, em seguida, esfrie-os sobre uma grade. Use uma espátula para tirar os macarons do papel-manteiga, e, quando estiverem totalmente frios, faça o recheio batendo o queijo mascarpone até ficar macio e, depois, misturando-o gradualmente com o Marsala e o café dissolvido. Se ficar muito fluido — com isso eu quero dizer fluido de escorrer pelos lados dos macarons — coloque-o na geladeira por algum tempo. (Quando estiver firme novamente, de uma maneira que lhe parecer satisfatória, use-o para rechear sanduíches de macarons.) Finalmente, borrife por cima uma leve poeira de cacau em pó, usando uma peneira.

MERENGUES E MACARONS

Macarons Muito Achocolatados

O que torna esta receita ligeiramente diferente das minhas outras receitas de macaron é que aqui eu uso chocolate derretido, e isso afeta a consistência. O chocolate provoca um "colapso" no merengue, expulsando o ar para fora; portanto, não há por que brincar com o saco de confeitar aqui. De jeito nenhum. A mistura ficará fluida demais.

O acabamento desses rapazes será mais irregular e rústico, menos liso e sofisticado. Não se assuste. Você não fez nada de errado. Estes macarons também são maiores que os outros, o que não deixa de ser bom.

Rende aproximadamente 12 pares

Para os macarons
100g de chocolate amargo (70% cacau)
3 claras
150g de açúcar
150g de farinha de amêndoas
1 colher de sopa de cacau em pó, peneirado

Para o recheio amanteigado
225g de manteiga
50g de cacau em pó
300g de açúcar de confeiteiro
2 colheres de sopa de leite
1 colher de chá de extrato de baunilha

Preaqueça o forno a 140°C. Forre dois tabuleiros com papel-manteiga, mas não há necessidade de desenhar círculos.

Derreta o chocolate usando o método de sua escolha (ver página 20), depois, deixe-o esfriar.

Bata as claras até ficarem firmes. Adicione aos poucos o açúcar, continuando a bater. Acrescente e misture a farinha de amêndoas, o cacau em pó peneirado e, depois, o chocolate derretido. O merengue, agora, vai desmoronar (isto é, vai ficar sem ar, parecendo muito menor). Mantenha a calma.

Coloque uma colher de sopa cheia da massa nos tabuleiros e asse por uma hora. Esfrie sobre uma grade por 20 minutos e então use uma espátula para tirar os macarons do papel-manteiga.

Faça o creme amanteigado batendo a manteiga até ficar leve e fofa. Adicione lentamente o cacau e o açúcar de confeiteiro. Quando estiverem totalmente incorporados, acrescente o leite e a baunilha e bata o creme, até ele adquirir uma consistência boa para espalhar. Use esse creme amanteigado de chocolate para rechear pares de macarons.

BISCOITOS E COOKIES

Tuiles de Laranja e Erva-doce

Cookies de Chocolate e Melado

Barras para o Café da Manhã

Shakar Loqum (Biscoitos de Açúcar Armênios)

Corações Lebkuchen

Biscotti de Pistache

Cubos Desfibriladores

Cookies Luxuosos de Mirtilo, Pinoli e Chocolate

Biscoitos de Sapatos e Bolsas

Existe um universo de **BISCOITOS E COOKIES** tão grande para nosso deleite que, às vezes, isso me faz realmente acreditar em um Deus de bondade. Não importam as borboletas; não importa o pé de um bebezinho recém-nascido. Para mim, os biscoitos são tudo! Deus criou um mundo onde os biscoitos existem!

Obviamente, seria preciso escrever uma enciclopédia inteira para dar conta da multiplicidade de biscoitos e cookies que existem no mundo, e eu só tenho um capítulo. Portanto, fiz uma lamentável tentativa (que coragem, que vulnerabilidade, que pretensão) para oferecer um mero vislumbre do que há disponível para nós. Comecei com os finos e sofisticados tuiles, caminhei em direção a rústicos brutamontes de aveia, fazendo alguns desvios de rota.

Devo admitir que, de tudo o que eu já preparei em confeitaria, foram os biscoitos que mais me deram prazer. Porque é neles que uso os meus (muitos, muitos) cortadores de cookies e, realmente, não tenho palavras para me exprimir! Eu faço sapatos. Sapatos comestíveis. E bolsas. E corujas. E estrelas. E corações. Se descobrisse que só tinha mais uma hora de vida, eu a usaria para fazer biscoitos em forma de sapatos. Verdade.

Tuiles de Laranja e Erva-doce

Estes biscoitos são muito femininos. Por exemplo, você não os serviria ao homem que veio consertar sua máquina de lavar. A não ser que quisesse que ele fosse embora ofendido. No entanto, com seu jeito fino, delicado, que se desmancha na boca, estes biscoitos são fabulosos — com certo ar aromatizado de laranja e erva-doce.

Uma coisa importante a observar, porém, é que parece que a "prática social" é "moldar" os biscoitos para que tomem uma forma curva. Pelo que posso deduzir, a forma plana não é considerada uma aparência adequada para este tipo de biscoito.

O melhor modo de curvá-los é *no momento exato* em que saem do forno, colocá-los sobre um rolo de massa ou uma garrafa de vinho e pressionar delicadamente. Eles tomarão a forma do rolo ou da garrafa, mas não se quebrarão. Porém, por favor, tenha em mente que eles são flexíveis durante um *tempo muito curto*. Quer dizer, segundos, literalmente. Talvez 30. Descobri, do modo mais difícil, que a melhor maneira de se fazer isso é tirar três ou quatro biscoitos do forno, deitá-los sobre qualquer coisa curva que você esteja usando, deixá-los esfriar, colocá-los em um prato, depois tirar mais três ou quatro biscoitos do forno e repetir a operação. O bom é que eles esfriam e tomam forma realmente depressa, portanto, pelo menos, você não tem que ficar perdendo muito tempo.

Rende aproximadamente 15

50g de manteiga
1/2 colher de chá de sementes de erva-doce
2 claras
110g de açúcar de confeiteiro
50g de farinha de trigo
raspas de 1 laranja

Forre dois tabuleiros com papel-manteiga e preaqueça o forno a 180°C.

Derreta a manteiga e reserve, até esfriar inteiramente.

Moa bem as sementes de erva-doce para liberar seu sabor.

Bata as claras em neve, até ficarem como picos suaves.

Peneire dentro da tigela o açúcar de confeiteiro e a farinha, depois, acrescente a casca de laranja ralada, as sementes de erva-doce e a manteiga derretida fria. Misture da maneira mais delicada possível.

Para cada biscoito, derrame uma colher de sopa rasa da mistura, que estará bem fluida, sobre o papel-manteiga, e deixe espaço — uns bons 3cm entre cada colherada — para que se espalhem. Continue até usar toda a massa. Os tuiles parecerão sem muita consistência, quase transparentes. Não se preocupe, é assim que devem ser.

Asse durante 6 a 12 minutos, até que os biscoitos estejam dourados nas bordas, mas ainda claros no meio. Use sua espátula para removê-los com delicadeza do papel-manteiga. Se você planeja "moldá-los", agora é a hora.

Sirva a pessoas que realmente não acreditam em comer.

*Tuile é um biscoito ou wafer fino, crocante, doce ou condimentado, feito de massa de farinha de trigo ou queijo. Originário da França, tuile significa telha em francês, e seu nome vem da suposta semelhança de sua forma com telhas dos telhados franceses. (N. T.)

Cookies de Chocolate e Melado

Biscoitos de chocolate escuros, substanciosos e sofisticados. O melado acrescenta uma profundidade adicional de sabor.

Rende cerca de 18 biscoitos

150g de chocolate amargo (70% cacau)
100g de manteiga
150g de açúcar mascavo claro
1 ovo
1 colher de sopa de melado
110g de farinha de trigo comum
30g de cacau em pó
uma pitada de sal

Forre dois tabuleiros com papel-manteiga.

Derreta o chocolate usando o seu método preferido (ver página 26) e deixe-o esfriar por 10 a 15 minutos.

Então — e só então — preaqueça o forno a 180°C.

Bata a manteiga e o açúcar até que se tornem um creme claro e fofo.

Acrescente o ovo e o melado e misture bem.

Junte o chocolate derretido (frio) e continue mexendo.

Adicione a farinha, o cacau em pó e o sal, peneirando-os, e incorpore-os à mistura.

Usando duas colheres de sopa, pegue porções da massa do tamanho de uma bola de golfe (a massa estará bem grudenta) e coloque sobre o papel-manteiga.

Mantenha bastante espaço entre as porções de massa — elas se espalharão.

Asse por 15 minutos, mas fique de olho depois de cerca de 12 minutos, porque eles tendem a queimar.

Esfrie os tabuleiros em uma grade. Os cookies ainda estarão bastante moles nesse estágio, portanto, não mexa neles. Depois de, talvez, meia hora, retire-os dos tabuleiros com delicadeza, mas mantenha-os no suporte, para continuarem a esfriar. Passado algum tempo, a parte externa dos biscoitos ficará crocante e a interna, maravilhosamente macia e com forte concentração de chocolate.

Barras para o Café da Manhã

Esta receita quase poderia ser qualificada como comida saudável. Comecei a fazer estas barras quando eu e um grupo de amigos decidimos que precisávamos de um hobby e escolhemos o de fazer caminhadas nos morros de Wicklow. As nozes, as sementes e as frutas secas me dão energia para a arrancada final quando me esforço para vencer a encosta de uma montanha, e o leite condensado me traz um pouco de conforto doce quando neve e chuva batem no meu rosto, tenho vontade de chorar e fico desejando ter escolhido um hobby diferente, quem sabe fazer vitrais.

Rende 14 barras

200ml de leite condensado
150g de aveia em flocos
100g de damascos secos
60g de gengibre cristalizado
100g de avelãs
60g de sementes de abóbora
30g de sementes de girassol
1 colher de sopa de cacau em pó (opcional)*

* De fato é tão opcional que não existe na minha lista oficial de ingredientes. Prefiro mentir sobre sua presença porque as pessoas se sentem tão virtuosas ao comer estas barras deliciosas que me sinto mal estragando o barato delas.

Preaqueça o forno a 130ºC. Forre um tabuleiro quadrado de 20cm com papel-manteiga.

Aqueça delicadamente o leite condensado em uma panela.

Coloque os flocos de aveia em uma tigela separada.

Corte os damascos e o gengibre e parta ao meio as avelãs. Depois, acrescente-os aos flocos de aveia, juntamente com as sementes de abóbora e de girassol.

Despeje o leite condensado e mexa bem. A mistura ficará encantadora e viscosa.

Acrescente a colher de sopa de cacau em pó, depois, apague este episódio de sua mente.

Coloque a mistura no tabuleiro e aperte bem, fazendo com que chegue a todos os cantos. Alise a superfície usando as costas de uma colher molhada na água.

Asse por uma hora.

Esfrie em uma grade, depois, retire do tabuleiro e corte em forma de barras de mais ou menos 10 x 3cm.

Suba a encosta de uma montanha e coma sem culpa.

Shakar Loqum (Biscoitos de Açúcar Armênios)

Esta é uma receita incrível do meu cunhado Sean, que é um absoluto gênio na cozinha. Sua mãe JoAnn era descendente de armênios e Sean me mandou esta receita com o título "Da Caixa de Receitas de Minha Mãe". Achei isso quase insuportavelmente comovente, porque JoAnn morreu jovem demais. Mas, com certeza, é reconfortante saber que muitos poderão se deliciar com os biscoitos de açúcar que ela costumava fazer.

Estes cookies em forma de losangos são intensos — amanteigados, doces e ligeiramente quebradiços. Não se espante por eles serem tão pequenos — eles são tão, tão substanciosos que fazê-los maiores diminuiria seu impacto. Também poderiam provocar uma parada cardíaca.

Rende cerca de 22 biscoitos

335g de manteiga clarificada — também conhecida como ghee*
170g de açúcar
uma pitada de sal
uma pitada de fermento em pó
2 ovos separados
375g de farinha de trigo
aproximadamente 30 amêndoas em pedaços pequenos

*Você pode encontrar manteiga clarificada em lojas de produtos asiáticos. Ou pode fazer sua própria manteiga, mas é bem trabalhoso. Eu achei a ideia de fazê-la terrivelmente amedrontadora, mas você pode não achar. Aqui estão as instruções de JoAnn:
Derreta cerca de 420g de manteiga em fogo baixo até que espume. Tire a espuma usando uma faca ou uma escumadeira e mantenha o fogo baixo, por cerca de 15 minutos. Durante este tempo, vai haver evaporação de água e o sal e os elementos sólidos se depositarão no fundo da panela. Esfrie por cerca de 15 a 20 minutos, depois, despeje cuidadosamente a manteiga clarificada em um recipiente, deixando o sal e os sólidos no fundo da panela. Você pode descartá-los.

Unte e forre um tabuleiro de fundo removível quadrado de 20cm e preaqueça o forno a 180°C.

Bata a manteiga clarificada, depois, acrescente o açúcar, o sal e o fermento em pó, e misture bem. Adicione as gemas e misture novamente. Adicione a farinha, peneirando-a, mexa com uma colher de pau, depois, use as mãos para dar forma à massa. Comprima a massa no tabuleiro preparado e alise-a com a base de um copo.

Agora as coisas começam a ficar um pouco complicadas. O modo autêntico de fazer Shakar Loqum é cortar a massa crua em forma de losangos, e essa foi a parte da receita que achei mais desafiadora. Você pode achar proveitoso (eu achei) fazer, primeiro, um ensaio, desenhando o padrão dos losangos em uma folha de papel do tamanho do tabuleiro, de modo que você saiba o que quer desenhar na massa. (Para ser franca, eu pedi a Ele para fazer isso. Ele é bom nessas coisas, paciente e matemático.)

Desenhe linhas diagonais, distantes aproximadamente 2,5cm, em uma direção; depois desenhe linhas diagonais na direção oposta, também com a distância de 2,5cm. Lembre-se de que você quer formas de losangos e não de quadrados, portanto, as linhas têm que formar ângulos bastante agudos. Você quer biscoitos compridos e estreitos, não curtos e atarracados. O que eu digo faz algum sentido para você? Se não, lamento muito. Olhe a fotografia, se ficar confusa.

Agora transfira seu desenho usando uma pequena faca afiada para cortar a massa crua em losangos, do mesmo tamanho e forma que no desenho. Depois você pode jogar fora o papel.

Coloque um pedaço de amêndoa no centro de cada losango. Bata as claras levemente e pincele a superfície da massa com elas. (Você não usará toda a clara.)

...

BISCOITOS E COOKIES

Asse por 15 minutos, depois reduza a temperatura do forno para 150ºC e asse por mais 20 minutos, até os biscoitos ficarem com uma coloração marrom-dourada.

Retire o tabuleiro do forno, e com os biscoitos ainda quentes (e ainda no tabuleiro), refaça o corte dos losangos — com isso quero dizer cortar por cima dos "cortes" preexistentes com a mesma pequena faca afiada, de modo que os biscoitos se separarão completamente quando forem retirados do tabuleiro. Pode não ficar óbvio de imediato onde estão as linhas diagonais, mas os pedaços de amêndoas funcionam como bons pontos de referência.

Espere os biscoitos esfriarem por completo antes de retirá-los com cuidado do tabuleiro.

Haverá algumas sobras de biscoitos nas bordas do tabuleiro que não ficaram com a forma de losangos. Isso pode, inicialmente, parecer um desperdício, mas então lembre-se do que Confúcio disse certa vez (pelo menos, eu acho que foi ele): "Biscoitos quebrados não contam." Coma-os sem culpa.

Obrigada, JoAnn. (E obrigada, Sean.)

Corações Lebkuchen

A primeira vez que deparei com estes cookies alemães, deliciosos e cheios de especiarias, foi num Natal, há vários anos, quando meu editor alemão me mandou um enorme (com cerca de 20cm de diâmetro) escrito "*Ich Liebe Dich*" (que quer dizer "Eu te Amo"). Fiquei emocionada e estava pronta para consumi-lo quando Ele sugeriu que, pelo fato de o cookie estar pendurado em uma fita, provavelmente era destinado a ser uma decoração de Natal e não um doce de Natal. Isso, claro, foi um terrível desapontamento para mim.

Então, pesquisei tudo referente ao assunto corações Lebkuchen e descobri que, sim, há uma tradição alemã de presenteá-los como decoração de Natal. E, às vezes, quem ganha, usa pendurado no pescoço (acho isso *maravilhoso*). E parece ser costume decorá-los com dizeres engraçadinhos.

Mas o que estou querendo dizer é que estes biscoitos *podem* ser comidos. De fato, eles *devem* ser comidos, porque o sabor deles é fabuloso.

Não fique assustada com a longa lista de especiarias da receita. Acho que a mais importante é o gengibre, e se você não tiver alguma das outras, não se preocupe.

Finalmente, como são corações Lebkuchen, você vai precisar de cortadores de cookies em formato de coração. Se você não os tem, pode experimentar fazer os corações com uma faca afiada. Ou pode, simplesmente, usar um cortador diferente e mudar o nome dos cookies para — ah, de repente me passou pela cabeça — sapatos Lebkuchen. Ou bolsas Lebkuchen.

Rende aproximadamente 18 biscoitos em formato de coração (10cm na parte mais larga) ou 3 biscoitos gigantes (25cm na parte mais larga)

100g de manteiga
275g de mel
100g de açúcar mascavo
1 colher de chá de gengibre em pó
1 colher de chá de coentro em pó
1 colher de chá de canela em pó
1 colher de chá de pimenta da Jamaica em pó
1/2 colher de chá de noz-moscada em pó
2 cravos, amassados
1 anis-estrelado
6 favas de cardamomo, amassadas
2 1/2 colheres de sopa de cacau em pó
600g de farinha de trigo
uma pitada de sal
1 1/2 colher de chá de fermento em pó
1 ovo

Para decorar
glacê para escrever*

Coloque a manteiga, o mel, o açúcar, as especiarias e o cacau em pó em uma panela e aqueça em fogo brando. Mexa até o açúcar se dissolver e toda a mistura ficar escura, parecendo melado. Tire do fogo, deixe esfriar um pouco e remova o cardamomo, o anis-estrelado e os cravos.

Peneire a farinha de trigo, o sal e o fermento em pó em uma tigela. Faça uma cratera na farinha e acrescente o ovo, em seguida, a mistura do mel. Misture devagar; no final se formará uma bola de massa. Divida-a em duas, enrole cada metade em filme de PVC e coloque na geladeira por pelo menos duas horas. Quando estiver preparada para fazer seus corações, forre dois tabuleiros com papel-manteiga e aqueça o forno a 180ºC.

Polvilhe sua área de trabalho com farinha de trigo e abra uma das metades da massa com o rolo até que fique com cerca de 1,5cm de espessura. Se você decidiu fazer os corações de 10cm, aperte o cortador diretamente na massa aberta até encontrar a superfície esfarinhada, depois, dê uma ligeira "balançadinha" para soltar o cortador. Manobre com delicadeza a espátula sob o biscoito cru, levante-o e coloque-o no tabuleiro. Se quiser pendurar os corações em uma fita, lembre-se de fazer um buraquinho no biscoito.

Para fazer um coração gigante, como eu disse, você pode traçar o desenho à mão livre ou, se tem sorte (como eu) de possuir uma fôrma em formato de coração, aperte-a sobre a massa e corte em volta.

Abra a segunda parte da massa e repita o processo.

Asse por 15 a 20 minutos, vigiando para que eles não grudem na parte de baixo. Claro que, quanto maior o biscoito, mais tempo levará. Deixe os biscoitos esfriarem completamente no tabuleiro. Eles endurecerão à medida que forem esfriando. Você pode servi-los assim, simples — são realmente deliciosos, escuros, com sabor de especiarias e muito natalinos. Ou você pode enfeitá-los com dizeres em glacê.

---

*Se você quiser manter a tradição alemã, seguem algumas frases úteis:
Ich liebe dich (Eu te Amo)
Ich liebe schuhe (Eu Amo Sapatos)
Fröhliche Weihnachten (Feliz Natal)

Biscotti de Pistache

Biscotti caseiros! Que emoção! Quem diria que tais coisas eram possíveis? Esta receita pede uma colher de sopa de óleo de alguma oleaginosa, e sugiro usar óleo de pistache porque, uma vez, por um acaso bizarro, encontrei uma lata dele (nem ao menos uma garrafa! Uma lata!) juntando poeira no fundo da prateleira de uma delicatéssen e, desde então, tenho procurado uma oportunidade para usá-lo. Eu nunca tinha visto óleo de pistache, e a probabilidade de você colocar as mãos nesse produto, provavelmente, é mínima. Nesse caso, use azeite de oliva, e não se preocupe.

Rende 12-14 biscotti

120g de farinha de trigo
1/2 colher de chá de fermento em pó
3 colheres de chá de cacau em pó
75g de açúcar
25g de manteiga, gelada e cortada em cubos
1 ovo
1 colher de sopa de óleo de pistache
40g de pistaches cortados ao meio
50g de chocolate amargo (70% cacau) cortado em pedaços

Forre um tabuleiro com papel-manteiga e preaqueça o forno a 160ºC.

Peneire a farinha, o fermento em pó e o cacau em pó em uma tigela, depois, coloque o açúcar e mexa.

Acrescente a manteiga e misture os ingredientes com a ponta dos dedos ou bata no processador, até que a manteiga tenha "desaparecido". A mistura parecerá areia escura.

Bata o ovo e o óleo juntos, depois, adicione-os à mistura de farinha/cacau etc. e misture bem. Neste estágio, a mistura deverá estar se aglomerando para formar uma massa.

Acrescente os pistaches e o chocolate picado e mexa para distribuí-los por igual.

Polvilhe sua área de trabalho com farinha. Divida a massa em duas partes e, usando as mãos, enrole-as formando dois troncos, cada um com cerca de 25cm de comprimento. Aplaine-os ligeiramente até que tenham 4 ou 5cm de largura.

Asse durante 20 minutos. Retire do forno e abaixe a temperatura para 150ºC.

Usando uma faca com serra, corte cada tronco em seis ou sete pedaços iguais. Delicadamente, porque nessa etapa eles estão moles e frágeis, deixe algum espaço entre cada biscotto (imagino que seja este o singular de biscotti!) e leve-os de novo ao forno, por mais 10 minutos, para secarem.

Retire do forno e deixe de fora durante duas horas, para firmarem e endurecerem.

Cubos Desfibriladores

Assim chamados porque estes quadrados de amendoim, mel e banana são tão consistentes e cheios de uma energia densa que poderiam trazer um morto de volta à vida. São semelhantes ao Barrão para o Café da Manhã da página 164, pelo fato de ambos terem como base a aveia, mas esta é a versão turbinada.

Rende 16 porções

125g de manteiga
125g de manteiga de amendoim crocante
150g de açúcar mascavo
75g de mel
150g de flocos de aveia
100g de bananas-passa, cortadas finas
50g de amendoins torrados e salgados

Unte e forre um tabuleiro quadrado de 20cm. Preaqueça o forno a 160ºC.

Coloque a manteiga, a manteiga de amendoim, o açúcar e o mel em uma panela GRANDE (grande o suficiente para conter os flocos de aveia e os outros ingredientes no final). Aqueça em fogo brando até que as manteigas derretam e o açúcar se dissolva.

Misture a aveia, a banana picada e os amendoins e distribua uniformemente.

Despeje no tabuleiro preparado, fazendo a massa chegar a todos os cantinhos. Alise com as costas de uma colher de sopa molhada e asse durante 30 minutos.

Deixe esfriar no tabuleiro e descansar por bastante tempo, de preferência até o dia seguinte, antes de tirar do tabuleiro e cortar em quadrados. Eles estarão grudentos, caramelados e absolutamente deliciosos. Não se preocupe se parecerem pequenos porque, acredite em mim, os pequenos duram muito e muito.

Cookies Luxuosos de Mirtilo, Pinoli e Chocolate

Tenho uma tendência a exagerar em tudo, e estes deliciosos cookies estão cheios de "coisas" — mirtilos, pinoli e pedaços de chocolate. Se você preferir que sua relação massa de cookie "pedaços" seja um pouco mais comedida, é só adicionar uma quantidade menor de mirtilos, pinoli e gotas de chocolate. Na verdade, você pode reduzir essas quantidades à metade e ainda conseguir cookies fabulosos. Também tenha em mente que você pode acrescentar qualquer tipo de fruta seca ou nozes. Mas tente fazer com que sejam "harmoniosos" — quero dizer que, por exemplo, aqui, a acidez dos mirtilos combina muito bem com o leve amargor do chocolate. E minha outra dica é que, quaisquer que sejam as frutas e nozes usadas, certifique-se de que tenham, aproximadamente, o mesmo tamanho — nestes cookies, os mirtilos são aproximadamente do mesmo tamanho dos pinoli. O que não é desejável é o *desequilíbrio*.

Estes cookies incluem aveia em flocos, portanto, têm uma leve textura rústica. Mas o sabor é tão maravilhoso que são bons o bastante para serem servidos a alguma pessoa importante que porventura um dia visite você. Por exemplo, se George Michael der uma passadinha (ah, meu Deus, como eu adoraria...).

Rende aproximadamente 18-20 cookies

125g de manteiga
175g de açúcar mascavo
1 ovo
130g de farinha de trigo
30g de cacau em pó
uma pitada de sal
1/2 colher de chá de fermento em pó
70g de aveia em flocos
100g de mirtilos secos
100g de pinoli
100g de gotas de chocolate amargo (70% cacau)

Forre dois tabuleiros com papel-manteiga. Preaqueça o forno a 180°C.

Bata bem a manteiga e o açúcar, juntos. Acrescente o ovo e bata mais. Em seguida, coloque a farinha, o cacau em pó, o sal e o fermento em pó, peneirando-os, e mexa para incorporar à mistura.

Adicione a aveia, os mirtilos, o pinoli e as gotas de chocolate, mexa e distribua-os uniformemente. Talvez você prefira acrescentar os mirtilos, o pinoli e as raspas de chocolate aos poucos, de modo que, se em determinado momento você achar que a mistura já tem esses ingredientes em quantidade suficiente, possa parar.

Usando uma colher de sopa, pegue colheradas da massa, mais ou menos do tamanho de uma bola de golfe, e use as mãos para formar círculos achatados — suas mãos vão ficar bem grudentas, mas que mal há nisso? —, depois coloque-os no tabuleiro. Deixe bastante espaço entre os cookies, porque eles vão se espalhar à medida que forem assando.

Asse por 15 minutos, depois, esfrie o tabuleiro em uma grade. Não mexa nos cookies antes de inteiramente frios, porque ainda estarão moles. Eles ficarão absolutamente deliciosos — crocantes por fora e derretendo e maravilhosos por dentro.

Biscoitos de Sapatos e Bolsas

Você não precisa usar esta receita somente para fazer biscoitos em formato de sapatos e de bolsas. Você pode fazer *qualquer coisa*. Qualquer coisa! O único limite é a sua imaginação. E também os cortadores de biscoitos que você tem.

O único aromatizante que usei aqui foi baunilha, mas você pode substituí-lo por uma série de coisas — uma colher de chá de canela em pó, raspas da casca de meio limão ou uma borrifada de Cointreau. Por exemplo, fiz biscoitos de cardamomo e água de rosas acrescentando quatro favas moídas de cardamomo e uma colher de chá de água de rosas, em vez de baunilha. Também fiz biscoitos de limão e gengibre, deixando a baunilha de fora e acrescentando uma colher de chá de gengibre em pó e uma colher de chá de casca de limão ralada. Fica a seu critério. Divirta-se. Enlouqueça.

O mesmo vale para a decoração. Eu lhe dei uma receita básica de glacê de cobertura, mas você pode tingi-la de inúmeras cores diferentes e usar glacê para escrever, glitter, estrelas comestíveis, bolinhas de açúcar e assim por diante para criar muitos efeitos. Há inúmeras páginas na internet que se especializam em decorações comestíveis para bolos, e você será apresentada a um verdadeiro país das maravilhas. Mas aqui vai uma advertência — depois que você começar, não vai conseguir parar. Você vai se pegar pensando: "PRECISO desses gatinhos de açúcar! Como vou fazer biscoitos e manter a cabeça erguida na sociedade elegante se os meus biscoitos não forem decorados com gatinhos de açúcar? Ou bengalinhas? Ou borboletas comestíveis em miniatura!"

Se você tem alguma tendência a se viciar, poderá ficar em maus lençóis aqui.

Rende quantidades variáveis, dependendo do tamanho e do formato de seus cortadores de biscoitos!

Para os biscoitos
200g de manteiga
200g de açúcar
1 fava de baunilha
1 ovo, batido
400g de farinha de trigo

Para a cobertura
500g de açúcar de confeiteiro
corante, glacê para escrever e enfeites comestíveis de sua escolha

Bata a manteiga e o açúcar até formarem um creme claro e fofo.

Retire as sementes de baunilha da fava e junte à mistura. Descarte a fava.

Acrescente o ovo e bata, então, adicione a farinha, peneirando-a. Misture até que se forme uma massa macia.

Divida a massa em duas bolas mais ou menos iguais, cubra com filme de PVC e leve à geladeira por uma hora pelo menos.

Forre três tabuleiros com papel-manteiga. Preaqueça o forno a 180ºC.

Tire as bolas de massa da geladeira, remova o filme e divida cada uma delas em duas.

Sobre uma superfície bem enfarinhada, abra uma das bolas até chegar a uma espessura de cerca de 5mm. Você será capaz de avaliar melhor isso com a prática, mas há utensílios à venda nas lojas especializadas em confeitaria, tais como elásticos especiais para prender em cada extremidade do rolo de abrir massa, que limitam a espessura do que quer que você esteja abrindo, ou "varetas-guia" — pedaços de madeira de 5mm de espessura —, que você coloca de cada lado da massa de modo a não afiná-la mais que a medida da vareta. Use o cortador de cookies da sua escolha para cortar as formas. Aperte o cortador para baixo, até encontrar a superfície enfarinhada, então, dê uma "sacudidela" para soltar o cortador da massa ao redor. Manobre sua espátula com delicadeza sob o biscoito cortado, levante-o e coloque sobre o papel-manteiga. Se alguma coisa der errado, e pode ser que dê, principalmente se você é iniciante, é só abrir a massa e tentar de novo.

Você só precisa deixar uns 2cm entre os biscoitos na assadeira, porque eles não se espalham muito.

Reúna os pedaços de massa que não foram usados, enrole-os com a bola de massa seguinte e repita os passos até que toda a massa esteja em formato de biscoitos.

Asse durante 9 a 12 minutos até que os biscoitos estejam — isso é engraçado — cor de *biscoito* e firmes, mas não muito duros.

Retire os tabuleiros do forno e use sua espátula para levar cada biscoito para a grade para resfriamento. Deixe esfriar.

Agora, a cobertura. Use uma tigela larga e rasa (se você tiver; se não tiver, não se preocupe, qualquer uma serve). Misture o açúcar de confeiteiro com quatro colheres de sopa de água fria e o corante escolhido até obter a fluidez desejada.

Coloque um biscoito, de cabeça para baixo, na tigela com o glacê, até que um dos lados esteja inteiramente recoberto. Incline-o de um lado para o outro, deixando sair o excesso de cobertura (este é um processo que faz lambança), depois, coloque-o sobre a grade. Mais cobertura poderá escorrer então. Tudo bem. (Você pode colocar papel toalha debaixo da grade se estiver preocupada com a lambança.) Faça uns oito biscoitos e decore-os antes que a cobertura endureça. Eu uso glacê de escrever para definir os contornos e dar uma aparência mais "acabada", mas isso fica a seu critério. De um modo ou de outro, prevejo que você se divertirá muito e muito e muito. Você se sentirá novamente como uma criança.

FRUTAS E LEGUMES

Bolo de Beterraba

Bolo de Laranja e Castanha-de-caju

Torta de Batata-doce

Bolo de Tabuleiro de Chocolate e Abóbora

Muffins de Tamarindo, Tâmara e Cereja

Bolo de Manga Invertido

Bolo de Framboesa e Morango Invertido

Bolo de Pera, Amêndoa e Tahine

Bolo Alemão Stollen

Pão de Milho, Coco e Limão

A seção saudável!
Uma maravilhosa maneira de
consumir suas cinco porções diárias.
É... isso mesmo.

Bolo de Beterraba

Quando eu era jovem, não conseguia imaginar nada mais horrível que beterraba. Sério, *beterraba*.

Era uma bola vermelha, estranha e repugnante que meu pai costumava comer na salada, e eu ficava tão horrorizada com aquilo que, toda vez que a travessa aparecia, eu tinha que sair de casa. Agora que estou mais velha e menos radical em minhas opiniões, provei "do fruto da árvore" da beterraba e sei que é delicioso.

No entanto, trata-se de uma escolha engraçada para um bolo, não? Bem, não. Não quando se pensa no bolo de cenoura. Afinal, é uma raiz que se tornou um bolo de sucesso. Então, por que não a beterraba? Bem, quando se vê a coisa por esse ângulo...

Mas foi duro, foi duro parar de pensar na beterraba como um ingrediente do jantar e começar a pensar nela coexistindo com o açúcar. Tive que gastar um bocado de energia para fazer uma recalibragem radical da minha interface mental doce/salgado. De tal amplitude que não consegui reunir a necessária força de vontade para ralar a beterraba crua. Sim, decidi fazer a opção mais fácil e usar a beterraba cozida. Insisto que você faça o mesmo — beterraba crua é a substância mais dura conhecida pelo homem. Também a mais vermelha. Levaria um dia e meio para ralar beterraba crua em quantidade suficiente para este bolo, e toda a sua rua ficaria tingida de vermelho para sempre.

Rende cerca de 12 fatias

Para o bolo

250g de beterraba cozida (não em vinagre ou salmoura ou qualquer coisa)
100g de chocolate amargo (70% cacau)
125g de manteiga
300g de açúcar mascavo
3 ovos, batidos
225g de farinha de trigo com fermento
30g de cacau em pó
uma pitada de sal

Para decorar

100g de açúcar de confeiteiro
corante comestível vermelho em gel
açúcar colorido rosa ou roxo

Preaqueça o forno a 180ºC e unte e forre uma fôrma de bolo de 23cm de diâmetro. Rale a beterraba e reserve.

Derreta o chocolate usando seu método favorito (ver página 20) e reserve também. Bata em creme a manteiga e o açúcar e acrescente os ovos, aos poucos. Junte à mistura a farinha, o chocolate em pó e o sal, peneirando-os.

Adicione a beterraba, depois o chocolate derretido, e mexa. Coloque a mistura na fôrma preparada e asse por 35 a 50 minutos. Faça o Teste do Palito (ver página 23), e, quando estiver satisfeita, coloque a fôrma na grade para resfriamento. Quando o bolo estiver frio, retire da fôrma.

Faça a cobertura adicionando 1 colher de sopa de água ao açúcar de confeiteiro. Se ficar muito espesso, acrescente mais um *pouquinho* de água, mas vá devagar, pois você não vai querer que fique muito aguado. Adicione o corante comestível. Derrame sobre o topo do bolo e deixe escorrer pelos lados.

Bolo de Laranja e Castanha-de-caju

Este é um bolo excelente, forte, bem sólido, e deve alimentar várias centenas de pessoas. Fiquei um pouco preocupada com a farinha de rosca, que ela talvez sobrecarregasse o bolo, mas as claras contrabalançam qualquer possível peso, e o acréscimo da calda de laranja é uma maneira agradável e cítrica de mudar o jogo.

Rende, pelo menos, 20 fatias

110g de manteiga
170g de açúcar
3 ovos, separados
100g de castanhas-de-caju moídas
90g de farinha de rosca
125ml de suco de laranja
1 colher de chá de raspas de laranja
300g de farinha de trigo
3 colheres de chá de fermento em pó

Para a calda de laranja

170g de açúcar
65ml de suco de laranja

Preaqueça o forno a 180ºC e unte com generosidade (palavra maravilhosa!) uma fôrma de bolo com abertura central de 25cm de diâmetro.

Bata a manteiga, o açúcar e as gemas até obter um creme. Acrescente as castanhas-de-caju moídas, a farinha de rosca, o suco e as raspas de laranja. Em seguida, a farinha e o fermento peneirados, e misture até incorporá-los à massa. Em uma tigela separada, bata as claras em neve, depois, adicione-as com delicadeza, à massa.

Ponha a massa na fôrma às colheradas e asse por aproximadamente 55 minutos, até que o exterior fique bonito e crocante. Retire do forno e coloque na grade, mas não tire o bolo da fôrma! Ele precisa ficar *in situ* até absorver a calda de laranja.

Enquanto isso, prepare a calda aquecendo o açúcar e o suco de laranja em fogo brando. Mexa até o açúcar dissolver. Espete a superfície do bolo com um garfo — muitas e muitas vezes, mas com delicadeza: você quer furar, não quebrar o bolo —, depois, despeje a calda e deixe que o bolo a absorva durante tanto tempo quanto possível; até o dia seguinte seria maravilhoso. Corte em fatias e sirva a multidões (na realidade, serão cerca de 20 fatias).

Torta de Batata-doce

Embora exótica, esta torta é, na verdade, muito fácil de fazer. E você pode torná-la supersimples usando uma base de torta comprada pronta, pré-assada, mas que deve ter, no mínimo, 3cm de altura, para conter todo o recheio. Se você decidir fazer sua própria massa e for iniciante em tortas, dê uma olhada na seção de tortas deste livro (ver página 112) antes de seguir em frente.

Rende 8 porções

Para a massa
170g de farinha de trigo
uma pitada de sal
100g de manteiga gelada, cortada em cubos
ou
1 base de torta pré-assada de 20cm de diâmetro, com pelo menos 3cm de altura

Para o recheio
625g de batatas-doces descascadas e cortadas em cubos
2 ovos
60g de açúcar mascavo
3 colheres de sopa de maple syrup
1/2 colher de chá de canela em pó
1/2 colher de chá de noz-moscada em pó
200g de creme de leite fresco

Para servir
calda de chocolate comprada pronta

Se você vai fazer a massa, peneire a farinha e o sal em uma tigela, depois, acrescente a manteiga, cortada em cubos. Use as pontas dos dedos para ir juntando pequenos pedaços de manteiga com pequenas quantidades de farinha, até que a mistura comece a se parecer com migalhas finas de pão. Junte uma ou duas colheres de sopa de água se necessário.

Mantenha a massa na geladeira durante uma hora, depois, abra-a sobre uma superfície enfarinhada. Preaqueça o forno a 180°C, unte generosamente com manteiga a fôrma de torta e forre-a com a massa de torta.

Asse a massa às cegas por 15 minutos, depois, retire-a do forno e reserve.

Coloque os cubos de batata-doce em uma panela grande com água e leve à temperatura de ebulição, depois, abaixe o fogo e deixe cozinhar por 15 minutos, até a batata ficar macia. Escoe a água e faça um purê. Você pode fazer o purê amassando as batatas ou usando um processador de alimentos, mas certifique-se de que ele esteja completamente liso, sem caroços. Deixe esfriar inteiramente.

Preaqueça o forno a 190°C. Coloque a massa pré-assada em um tabuleiro.

Bata os ovos, o açúcar e o maple syrup, depois acrescente o purê de batata-doce, a canela, a noz-moscada e o creme. Verta na base da torta.

Asse por cerca de 40 a 50 minutos, até o recheio ficar quase firme, mas ainda com um ponto ligeiramente mole no centro. Vigie a base da torta porque, como ela já está assada, há a possibilidade de que suas beiradas se queimem. Se parecer que as bordas estão ficando tostadas demais, cubra folgadamente a torta com papel-alumínio.

Esfrie na grade, depois, coloque na geladeira por pelo menos uma hora. Imediatamente antes de servir, borrife com a calda de chocolate comprada pronta.

Bolo de Tabuleiro de Chocolate e Abóbora

Novamente, assim como com o bolo de beterraba, peço que você continue mantendo a mente aberta. Para mim, certamente, a ideia de usar abóbora em um bolo doce era um desafio, mas minhas reservas duraram o tempo que levei para provar uma fatia. Isso realmente funciona, principalmente com a adição dos figos, que dão uma encantadora textura viscosa.

Usei um tabuleiro grande para o bolo ficar bem baixo e plano. Não fique assustada com isso — ele é denso e bastante musculoso para se garantir.

Seria perfeitamente aceitável servir este bolo sem enfeites, mas eu cobri o meu com uma camada de ganache de chocolate porque tenho dificuldades com o conceito de comedimento.

Rende 21 pedaços

- 100g de abóbora
- 225g de chocolate amargo (70% cacau)
- 175g de manteiga
- 3 ovos
- 175g de açúcar mascavo
- 100g de açúcar mascavo light
- 250g de farinha de trigo
- 3 colheres de chá de fermento em pó
- 150g de figos secos, cortados em pedaços pequenos

Para o ganache

- 200g de chocolate amargo (70% cacau)
- 100ml de creme de leite fresco
- chocolate granulado colorido

Preaqueça o forno a 180°C. Unte e forre um tabuleiro de 23 x 30cm. Rale a abóbora e reserve.

Derreta em banho-maria o chocolate e a manteiga, juntos, em uma tigela refratária. Em outra tigela, bata os ovos com os açúcares, depois, acrescente o chocolate e a manteiga derretidos. Adicione e misture 275ml de água fria, em seguida, a farinha e o fermento, peneirando-os. Acrescente a abóbora ralada e os figos picados, e misture bem.

Despeje no tabuleiro e asse durante cerca de 50 minutos. Faça o Teste do Palito (ver página 23), depois, deixe esfriar sobre uma grade.

Quando o bolo estiver completamente frio, prepare o ganache de chocolate, derretendo o chocolate pelo seu método preferido (ver página 20) e acrescentando o creme, mexendo sempre. Verta sobre o bolo e polvilhe com o chocolate granulado.

Quando a cobertura estiver firme, é hora de cortar o bolo em pedaços, de aproximadamente 10 x 3cm. Sendo este bolo tão grande — "desajeitado", poderíamos dizer —, talvez seja mais fácil cortá-lo ainda no tabuleiro.

Muffins de Tamarindo, Tâmara e Cereja

Tamarindo é a minha "cara", é o ingrediente que lanço nas conversas quando quero parecer uma confeiteira arrojada e desbravadora. "Ah, sim", digo, esforçando-me para parecer natural, "acho que uma colher de chá de tamarindo confere uma acidez maravilhosa e intrigante." Então faço uma pequena oração e fico esperando ter a chance de fazer uma expressão de surpresa fingida e dizer: "Você não sabe o que é tamarindo?! Bem, acredito que seja um tipo de fruta, originária do Sudão, muito usada na culinária da Malásia, foi isso que me disseram."

De qualquer modo, tamarindo não é mais tão exótico quanto já foi. A única coisa sobre o tamarindo que permanece tão verdadeira como quando comecei a usá-lo em receitas é que realmente ele *confere* uma acidez maravilhosa e intrigante — tão acentuada que de fato recomendo fortemente ter cautela na hora de lamber a colher depois de lidar com ele.

No entanto, funciona muito bem nesta receita. Ele e as cerejas lideram uma cruzada de acidez vigorosa, disciplinada pelas poderosas forças das tâmaras e do açúcar mascavo.

Agora, sobre "muffins". Não tenho certeza a partir de que tamanho os cupcakes deixam de ser cupcakes e oficialmente se tornam grandes o bastante para serem chamados de "muffins". Estou chamando esses bolinhos de "muffins", mas me preocupa induzir você ao erro. Como muffins, eles provavelmente estão na extremidade menor da escala; portanto, se você preferir chamá-los de cupcakes, vá em frente. Decorei os bolinhos com uma cobertura simples de glacê cor de laranja.

Rende 12 porções

100g de tâmaras secas
100g de cerejas secas
125g de manteiga
30g de pasta de tamarindo
2 ovos
75g de açúcar mascavo
140g de farinha de trigo
1 colher de chá de bicarbonato de sódio

Para a cobertura

300g de açúcar de confeiteiro
4 colheres de sopa de água ou suco de limão
corante comestível laranja
20g de cerejas secas

Preaqueça o forno a 180ºC e forre uma fôrma de muffins (ou cupcakes) de 12 cavidades com forminhas de papel.

Pique as tâmaras e as cerejas em pedaços bem pequenos, depois, coloque-as em uma panela com 150ml de água e deixe ferver. Ferva por um minuto, em seguida, tire do fogo e adicione a manteiga. Mexa até que a manteiga derreta, depois, acrescente o tamarindo e deixe esfriar, por talvez uns 10 minutos.

Em uma tigela separada, bata os ovos e o açúcar. Acrescente a mistura de frutas e a manteiga resfriada, depois, a farinha e o bicarbonato de sódio, peneirados, e mexa até incorporá-los. Não se preocupe se o açúcar ficar duro e encaroçado, os caroços se dissolverão durante o cozimento. Divida a mistura entre as fôrmas de papel e asse por 15 a 17 minutos. Deixe a bandeja esfriar em uma grade.

Faça a cobertura juntando aos poucos a água ou o suco de limão ao açúcar de confeiteiro, até atingir a fluidez desejada. Então, acrescente o corante comestível cor de laranja. Coloque a cobertura sobre os muffins com uma colher e use uma faca para levá-la até as bordas. Faça um montinho com as cerejas picadas no centro de cada bolinho. Ensaie falar as palavras "acidez maravilhosa e intrigante" na frente do espelho, e depois sirva.

Bolo de Manga Invertido

Uma variação de um dos meus favoritos da infância: o bolo de abacaxi invertido. É um fenômeno de tão fácil de fazer que ele é.

Serve 6-8

Para a parte de cima

50g de manteiga
50g de açúcar mascavo
1 lata de 425g de manga em calda escorrida (reserve duas colheres de sopa da calda)

Para o bolo

100g de manteiga
100g de açúcar
2 ovos
100g de farinha de trigo com fermento
1 colher de chá de fermento em pó

Unte com generosidade uma fôrma de bolo de 20cm de diâmetro. Na verdade, esta é uma situação em que eu não recomendaria o uso de uma fôrma de abertura lateral ou fundo removível porque, da primeira vez em que fiz este bolo, tive um "vazamento". A calda da manga passou pelas brechas da minha fôrma e cobriu o fundo do forno com um — francamente delicioso — tipo de caramelo. Preaqueça o forno a 180°C.

Para a parte de cima, bata a manteiga com o açúcar, depois, espalhe esta mistura sobre o fundo da fôrma de bolo — será uma camada muito fina, não se preocupe. Então, arrume os pedaços de manga escorridos sobre a mistura de manteiga e açúcar, da forma mais artística que conseguir. Fique à vontade para cortar as fatias de manga para fechar todos os espaços.

Faça o bolo batendo a manteiga e o açúcar até formar um creme, acrescentando os ovos e as duas colheres de sopa de calda de manga reservadas. Acrescente a farinha de trigo e o fermento em pó peneirados, e mexa até integrá-los à massa.

Espalhe a massa do bolo sobre as mangas, cobrindo-as, e, então, asse, por 35 minutos. Deixe esfriar por 5 minutos — sim, só 5 minutos — em uma grade; depois, tentando não queimar os dedos, vire o bolo em um prato de servir. Sirva quente, com uma porção de creme chantily.

Bolo de Framboesa e Morango Invertido

De certa maneira, talvez você me ache um tanto atrevida por eu o estar iludindo com esta receita que é muito, muito parecida com a do bolo de manga invertido que acabei de dar. Embora a parte do bolo seja — sim, admito — *idêntica*, as frutas são tão diferentes que este é um bolo inteiramente diverso. Além disso, assei este bolo numa fôrma com formato de coração, e como as frutas aqui são vermelhas, ele ficou fantástico.

Rende 6-8 porções
Para a parte de cima

50g de manteiga
50g de açúcar mascavo
425g de framboesas frescas
425g de morangos frescos

Para o bolo

100g de manteiga
100g de açúcar
100g de farinha de trigo com fermento
2 ovos
1 colher de chá de fermento em pó

Unte generosamente uma fôrma com formato de coração (a que eu usei tem cerca de 23cm na parte mais larga e comporta cerca de um litro e um quarto de líquido). Preaqueça o forno a 180°C.

Para a parte que vai ficar em cima, bata a manteiga com o açúcar, depois, espalhe sobre o fundo da fôrma de bolo — formará uma camada muito fina, não se preocupe. Então, arrume as frutas sobre o creme de manteiga e açúcar da maneira mais artística que puder.

Faça o bolo batendo a manteiga e o açúcar até formarem um creme, junte os ovos. Misture a farinha e o fermento em pó peneirados, e incorpore-os à massa.

Espalhe a massa do bolo sobre as frutas, cobrindo-as, e asse por 35 minutos. Deixe esfriar durante 5 minutos na grade, depois, tentando não queimar os dedos, vire o bolo num prato de servir. O visual do bolo será fantástico. O único problema com bolos em formato de coração é que são difíceis de cortar em fatias que não pareçam estranhas. Não vejo como contornar isso, desculpe. Sirva quente ou frio, fica a seu critério.

Bolo de Pera, Amêndoa e Tahine

Este quase pode ser considerado um alimento saudável. Não tem laticínios — nem manteiga nem ovos — e a gordura é suprida pelo tahine. (Estou supondo que você saiba o que é tahine. É uma pasta deliciosa feita com sementes de gergelim moídas.) A receita também não leva açúcar! Usei xarope de tâmaras, que comprei na loja de alimentos naturais perto de casa, mas se você tiver dificuldade em encontrá-lo, pode usar outro xarope, maple syrup (xarope de bordo), por exemplo.

Rende 12-14 porções

- 240g de tahine
- 260g de xarope de tâmaras
- 1 colher de chá de bicarbonato de sódio
- 220g de farinha de trigo
- 1 colher de chá de canela em pó
- 100g de amêndoas, picadas
- 150g de peras, descascadas e sem miolos, cortadas em cubos de 2cm*
- 250ml de suco de maçã**

Unte uma fôrma de bolo de 23cm de diâmetro e forre o fundo com papel-manteiga. Preaqueça o forno a 170ºC.

Dê uma mexida rápida no tahine quando ainda estiver no vidro, porque, geralmente, o óleo se separa e faz uma camada no alto. Depois despeje em uma tigela e bata com o xarope de tâmaras. Acrescente o bicarbonato de sódio e misture novamente.

Em uma tigela à parte, misture a farinha e a canela, peneiradas, as amêndoas e as peras em cubos. Acrescente um terço da mistura de farinha/amêndoas/peras ao tahine e misture. Adicione metade do suco de maçã e misture.

Acrescente outro terço da farinha, depois a outra metade do suco de maçã. Termine com a farinha restante e mexa, até tudo estar integrado.

Despeje a massa na fôrma e asse durante 45 minutos. Após 30 minutos, reduza a temperatura do forno para 160ºC e cubra o bolo frouxamente com papel-alumínio nos últimos 10 minutos de cozimento. Retire do forno e deixe o bolo esfriar na fôrma. É tão saboroso e extraordinário que não precisa de nenhum tipo de cobertura.

* Você também pode até usar peras em calda.

** Se você decidir usar peras em calda, utilize o caldo da lata. Se não chegar a 250ml, complete, então, com suco de maçã.

Bolo Alemão Stollen

Este bolo maravilhoso é tradicionalmente servido na Alemanha na época do Natal. É fabuloso, um tipo de bolo de frutas parecido com pão, com um coração de marzipã oculto. Leva levedura, o que costumava me apavorar. Mas eu descobri a levedura seca instantânea, e isso mudou minha vida.

Li dúzias de receitas de Stollen na esperança de fazer um que fosse o mais alemão e autêntico possível, mas há uma tal variedade de ingredientes e de métodos que a minha cabeça quase explodiu. Experimentei poucas receitas e, no final, escolhi esta, porque é muito fácil e fenomenalmente deliciosa.

Rende 2 pães pequenos, de 25cm de comprimento, e você terá cerca de 10 fatias em cada um

50g de groselhas
50g de passas brancas
50g de passas pretas
100g de cerejas cristalizadas, picadas
50g de cascas de frutas cristalizadas
4 colheres de sopa de rum*
165ml de leite integral
300g de farinha de trigo
1 sachê de 7g de fermento biológico seco de ação rápida para pão
uma pitada de sal
75g de manteiga, em temperatura ambiente
1 ovo
55g de açúcar
250g de marzipã**

Para decorar
açúcar de confeiteiro

* Se você não quiser usar álcool, substitua por suco de laranja.

** Uma palavrinha sobre marzipã. Algumas pessoas fazem seu próprio marzipã, e boa sorte para elas. Comprei o meu no supermercado.

Deixe as frutas de molho no rum, cubra e reserve por pelo menos duas horas. De um dia para o outro é melhor.

Quando você estiver preparada para começar, amorne o leite (não esquente muito para não matar a levedura do fermento) em uma panela. Em uma tigela separada, peneire a farinha, o fermento e o sal. Adicione o leite morno e misture bem. Talvez você veja algumas bolhas. É excelente sinal, é a evidência de que a levedura está ativa.

Acrescente a manteiga, o ovo e o açúcar e misture novamente. Cubra a tigela com um pano úmido e quente e coloque em um lugar quente por cerca de uma hora e meia. Você está deixando a massa descansar para que ela fermente e cresça — isso significa que a levedura vai fazer sua mágica e, quando você voltar, ela deve ter aumentado em volume, pode ter até dobrado, e terá desenvolvido uma textura estranha e elástica.

Leve a massa (que está bastante pegajosa) para uma superfície de trabalho polvilhada com farinha de trigo e "sove-a". Este é um termo de panificação que significa, basicamente, que você vai tirar o ar da massa e reduzi-la ao seu tamanho original. Depois, coloque-a de volta na tigela, acrescente as frutas encharcadas de rum e misture bem.

Se você tiver a sorte de possuir uma KitchenAid, use o batedor tipo "gancho" para fazer o trabalho pesado e tire o momento para agradecer. Se você não tiver uma batedeira, amasse com a mão numa superfície bem polvilhada em farinha de trigo por uns bons 5 minutos (lamento). Nesse ponto, forre uma assadeira com papel-manteiga.

Pegue o marzipã, divida-o ao meio e enrole em duas "cordas", cada uma com cerca de 20cm de comprimento. Tire cerca de metade da massa de Stollen da tigela; coloque-a sobre a superfície com farinha e, usando as mãos, dê-lhe a forma de um pão de mais ou menos 22cm de comprimento e 9cm de largura. Ponha a "corda" de marzipã embaixo dele, no sentido do comprimento e no meio, depois, dobre as bordas da massa de Stollen e junte-as, pressionando, de modo que o marzipã fique inteiramente coberto. Transfira o pão para a assadeira preparada com a parte da junção da massa virada para baixo.

Repita o processo para o segundo pão, depois, cubra os dois com um pano úmido e quente e deixe crescer — sim, de novo — por cerca de 40 minutos. (Cá entre nós, meus pães não incham nem crescem durante esse segundo "descanso", mas, ainda assim, o sabor é ótimo. Não sei o que pensar disso.)

Preaqueça o forno a 180ºC e asse os pães durante 10 minutos. Então, reduza a temperatura para 150ºC e asse por mais 30 ou 40 minutos, até que os pães ganhem uma coloração marrom-dourada. Retire da assadeira, deixe esfriar em uma grade e polvilhe com açúcar de confeiteiro. (Faça isso com uma peneira, para ter um efeito uniforme e atraente.)

Pão de Milho, Coco e Limão

Milho. Sim, eu sei, estranho para um bolo. Perdi muito tempo com esta receita porque, embora ela fosse deliciosa e doce e tivesse uma textura muito interessante, o bolo não crescia. Depois de muita experimentação, concluí que o peso do milho era o responsável, e fiquei desesperada, meus amigos, desesperada. Pensei que teria que desistir deste bolo. Então, uma luz se acendeu, e tive a ideia de separar os ovos e bater as claras até formarem uma nuvem leve e arejada, e aí deixei a batalha começar. Coloquei o milho contra as claras batidas, numa luta implacável — o peso contra a leveza. E, adivinhe! Todos venceram!

Rende 12 fatias

125g de manteiga
125g de açúcar
3 ovos, separados
50g de coco seco ralado
100g de milho em lata, escorrido
raspas de 2 limões
125g de farinha de trigo com fermento
1 colher de chá de fermento em pó
1 colher de chá de bicarbonato de sódio

Unte e forre uma fôrma de pão de 1 litro (ou use uma fôrma de silicone, muito mais fácil) e preaqueça o forno a 190ºC.

Bata a manteiga com o açúcar até formarem um creme claro. Acrescente as gemas, o coco, os grãos de milho e as raspas de limão, misture muito bem. Peneire junto a farinha, o fermento em pó e o bicarbonato de sódio, e incorpore à mistura.

Em uma tigela separada, bata as claras, até ficarem firmes; depois, usando uma colher grande de metal, integre-as cuidadosamente à outra mistura.

Coloque na fôrma preparada e asse por aproximadamente 30 minutos. Deixe esfriar em uma grade, depois, retire da fôrma e corte em fatias.

CHOCOLATE

Bolo de Chocolate e Creme Azedo
Brownies de Castanhas Portuguesas e Rum
Brownies Supremos de Chocolate
Trufas de Alecrim do Sean
Bolo Rocky Road
Trifle Floresta Negra
Bolo de Balsâmico, Pimenta-do-reino e Chocolate
Pudim Fácil e Rápido de Fudge de Chocolate
Torta de Chocolate, Chili e Cardamomo
Bolos Individuais de Lava de Chocolate

Somente um idiota escreveria um livro sobre confeitaria que não tivesse uma seção sobre **CHOCOLATE**. É o mínimo que eu posso dizer. Portanto, este capítulo não precisa de introdução.

Bolo de Chocolate e Creme Azedo

Este é um excelente bolo, bastante molhado — graças às framboesas, acho eu —, e surpreendentemente fácil de fazer. E é também, ao usar apenas a geleia de framboesa para decorar, mantém as coisas bem simples, se simples for o que você estiver procurando.

Rende 12 porções

100g de chocolate amargo (70% cacau)
250g de farinha de trigo com fermento
1 colher de chá de bicarbonato de sódio
1 colher de chá de sal
250g de açúcar
125ml de óleo de girassol
250g de creme azedo (ver página 80)
2 ovos, batidos
1 colher de chá de extrato de baunilha
2 latas de 300g de framboesas, escorridas*

Para decorar

4 a 5 colheres de sopa de geleia de framboesa

* Ou, aproximadamente, 230g de framboesas frescas, embora considere as enlatadas melhores, neste caso. Estar molinha, o que no mundo real poderia ser visto como uma coisa ruim, funciona muito bem neste bolo.

Unte com óleo duas fôrmas de 23cm de diâmetro (você pode usar as mãos ou um pedaço de toalha de papel) e preaqueça o forno a 180ºC.

Derreta o chocolate usando seu método preferido (ver página 20) e deixe esfriar ligeiramente.

Peneire a farinha e o bicarbonato de sódio em uma tigela grande. Adicione o sal e o açúcar, depois, junte o óleo e o creme azedo, e mexa.

Misture o chocolate derretido.

Acrescente os ovos batidos, o extrato de baunilha e 60ml de água quente. Finalmente, acrescente as framboesas, e misture bem.

Divida a massa entre as duas fôrmas e asse por 25 minutos. Retire do forno e ponha as fôrmas em uma grade. Espere até que os bolos estejam completamente frios para removê-los das fôrmas.

Faça um sanduíche com as duas camadas do bolo e a geleia de framboesa como recheio.

CHOCOLATE

Brownies de Castanhas Portuguesas e Rum

Castanhas portuguesas são coisas estranhas. Porque, independentemente da propaganda que o próprio nome faça, elas não se *comportam* como castanhas. Onde está a característica crocante? Certo, *tecnicamente*, elas podem ser castanhas, mas, quanto à textura, é tudo um tanto perturbador. Para falar com franqueza, elas têm um toque de grão-de-bico. Mas, manuseadas da maneira certa, podem ser deliciosas.

Tanto há purê de castanhas quanto castanhas reais nesta receita, e espero que você não tenha problemas em achar purê de castanha — é vendido enlatado, se é que isso ajuda.*

Usei chocolate ao leite aqui, que dá um sabor ligeiramente mais suave que o chocolate amargo da receita dos Brownies Supremos de Chocolate. Mas, no geral, os brownies são muito, muito, muito substanciosos. É razoável dividir o brownie em 16 pedaços, porque, mesmo um pedaço pequeno, é bastante satisfatório.

Finalmente, se preferir, sinta-se à vontade para usar rum de verdade em vez de essência de rum, mas, se fizer isso, use 2 colheres de sopa e não duas tampas.

Rende 9 ou 16 porções, dependendo da sua generosidade

- 200g de chocolate ao leite
- 100g de manteiga
- 2 ovos
- 1 gema
- 200g de açúcar mascavo
- 200g de purê de castanhas portuguesas
- 1 colher de chá de extrato de baunilha
- 2 tampas de essência de rum
- 175g de farinha de trigo
- 1/2 colher de chá de fermento em pó
- 100g de castanhas portuguesas, cortadas

* Se não encontrar, prepare cozinhando 200g de castanha descascada em 1 xícara de água e 1 xícara de açúcar até que fiquem macias. Coe e bata as castanhas no liquidificador. (N. R. T.)

Unte com manteiga, e com generosidade, um tabuleiro de 20cm (de fundo removível, se possível), e preaqueça o forno a 180°C.

Derreta em banho-maria o chocolate e a manteiga, juntos, em uma tigela refratária.

Em uma tigela separada, bata os ovos, a gema e o açúcar, depois, adicione o chocolate e a manteiga derretidos.

Acrescente o purê de castanhas, o extrato de baunilha e a essência de rum, misture bem.

Adicione, peneirando, a farinha e o fermento, e incorpore-os à mistura.

Junte as castanhas cortadas e mexa, até elas estarem distribuídas uniformemente.

Verta a massa do brownie no tabuleiro.

Asse por 30 minutos. Pode parecer que esteja assado por cima, mas não estará no interior. Lembre-se, este é um brownie, não um bolo. As regras normais dos bolos não se aplicam aqui. Esqueça o teste do palito! Ele não tem sentido aqui.

Deixe o brownie esfriar em uma grade e descansar por um tempo muito, muito, muito longo (de preferência, até o dia seguinte), antes de cortá-lo. Ele estará, então, fabulosamente grudento, nutritivo e maravilhoso.

Brownies Supremos de Chocolate

Sim, uma segunda receita de brownie! Mas esta é bem diferente da dos brownies de castanhas portuguesas e rum — é muito mais escura. Muito densa, grudenta, puxa-puxa, achocolatada, maravilhosa.

Rende 9 brownies

225g de chocolate amargo (70% cacau), cortado em pedaços
225g de manteiga
2 ovos
2 gemas
200g de açúcar mascavo
170g de farinha de trigo
1/2 colher de chá de fermento em pó
uma pitada de sal
100g de castanhas-do-pará, cortadas bem pequenas

Unte generosamente um tabuleiro de 20cm (com fundo removível, se possível) e preaqueça o forno a 160ºC.

Derreta delicadamente em banho-maria o chocolate, junto com a manteiga, em uma tigela refratária.

Bata os ovos, as gemas e o açúcar até que comecem a parecer um pouco com caramelo.

Acrescente o chocolate e a manteiga derretidos e misture, mas não bata demais, para que a mistura não "coagule" (eu fiz isso na minha primeira experiência). Não é nada bom.

Junte a farinha, o fermento em pó e o sal, peneirando, e incorpore-os à mistura.

Acrescente as castanhas-do-pará cortadas e misture com delicadeza.

Despeje a massa no tabuleiro e asse por apenas 20 minutos. Como acontece com os brownies de castanhas e rum, as regras comuns dos bolos não se aplicam neste caso. Estamos numa terra estranha, em que seu confiável teste do palito não tem vez.

Ponha o tabuleiro sobre a grade para esfriar por no mínimo 3 horas. Se você cortar os brownies cedo demais, eles vão pingar por todo lado. (Cometo esses erros para que você não precise...) Quando chegar a hora, tire o brownie do tabuleiro e corte em nove quadrados iguais.

Para sua informação, e este pode ser um segredinho nosso, o quadrado do meio é o mais delicioso de todos. Digo isso porque, ao tirar os brownies do tabuleiro, talvez você queira dar um presente especial para alguém — e nada impede que esse alguém seja você —, então, o pedaço do meio é o melhor.

Trufas de Alecrim do Sean

Sean é o marido de minha irmã Caitriona, e um dos melhores cozinheiros do mundo. Ele é um gênio. Verdade. Estas trufas são uma adaptação — uma homenagem, se preferirem — de um sorvete de chocolate e alecrim que uma vez ele fez para mim. Comer aquela sobremesa foi uma das experiências mais angustiantes, porque eu sabia que, em algum momento, ela chegaria ao fim. Sabia que chegaria a hora em que eu teria comido a última porção e depois não haveria mais sorvete e, francamente, não sabia como continuar a viver.

O sorvete era — sem exagero — extraordinário, e eu queria tentar — humildemente, claro — recriar a receita de Sean. Entretanto, eu não tinha sorveteira, então ele sugeriu que, usando os mesmos ingredientes básicos, eu fizesse trufas. A princípio, isso me confundiu. "Trufas? Você quer dizer como aquelas que vêm em uma caixa? No nosso aniversário? De uma loja de chocolates caros?", perguntei. "Isso mesmo", respondeu ele.

Foi uma completa revelação que uma pessoa pudesse fazer trufas em sua própria casa. Era como descobrir que eu podia improvisar um par de sapatos Christian Louboutin na minha área de serviço.

Os ingredientes são simples. A técnica também não é muito complicada — uso um utensílio de fazer bolinhas de melão para fazer as formas redondas. Para decorar, passei as trufas em açúcar granulado colorido, que acrescentou cor, mas nenhum sabor extra. Porém, você pode recobrir as trufas com cacau em pó, coco ralado, pistaches moídos, enfim, com qualquer coisa que irá, naturalmente, mudar ou realçar o sabor.

Não é preciso, mas se você conseguir algumas forminhas de papel pequenas para servir as trufas, elas ficarão ainda mais bonitas.

Rende 30-40 trufas aproximadamente

- 150ml de creme de leite fresco
- 8 raminhos de alecrim fresco
- 150g de chocolate amargo (70% cacau)
- 25g de manteiga

Para decorar
açúcar granulado colorido

Ponha o creme em uma panela.

Lave e seque os raminhos de alecrim, depois, coloque quatro deles na panela, com o creme de leite. Escalde o creme de leite (ver página 21).

Tire a panela do fogo e deixe o alecrim em infusão no creme por cerca de uma hora. Enquanto isso, corte o chocolate em pedaços bem finos — use o processador de alimentos, se for mais fácil — e coloque-o em uma tigela refratária. Corte a manteiga em cubos e acrescente ao chocolate.

Aqueça novamente o creme de leite, depois, coe, dentro da tigela, com o chocolate e a manteiga. Descarte os ramos de alecrim já usados. Provavelmente, o calor do creme de leite derreterá o chocolate e a manteiga, mas, se não derreter, não se preocupe. Coloque a tigela em banho-maria. Mexa bem para integrar os ingredientes, afaste do calor e, então, coloque os quatro ramos restantes de alecrim na superfície da mistura. Não os afunde na mistura porque eles são "o próprio diabo" (adoro esta frase) para retirar depois. Coloque na geladeira por várias horas, se preciso, até o dia seguinte. A mistura vai ficar firme, mas não endurecerá como pedra. Quando você estiver preparada para fazer as trufas, tire a mistura da geladeira (talvez você precise deixar que ela fique na temperatura ambiente), retire cuidadosamente os ramos de alecrim e jogue fora.

Coloque açúcar granulado colorido em uma tigela. Com o utensílio de fazer bolinhas de melão, faça uma bola da mistura, depois, coloque-a na tigela de açúcar colorido e cubra-a de açúcar. Deposite-a em uma forminha de papel. Isso vai se tornar mais fácil com a prática. Se você quiser, use as palmas das mãos para encorajar as trufas a tomarem formas esféricas, mas tenha em mente que essa mistura derrete e faz lambança muito depressa, e o calor de suas mãos só vai acelerar esse processo.

Na verdade, mesmo sem usar as mãos, talvez você tenha de colocar a mistura de chocolate de volta na geladeira de tempos em tempos, para que ela fique firme novamente. Mas é assim mesmo. Use os intervalos de tempo para pensar em coisas agradáveis. Tipo: como todos ficarão impressionados quando você os presentear com trufas feitas em casa.

Bolo Rocky Road

Um bolo que não vai ao forno. Fácil, fácil de fazer, e que todos adoram.

Rende 16 pedaços

- 500g de biscoitos maisena
- 300g de chocolate amargo (70% cacau)
- 300g de chocolate ao leite
- 200g de manteiga
- 300g de xarope de glucose
- 100g de tâmaras secas, cortadas em pedaços pequenos
- 100g de damascos secos, cortados em pedaços pequenos
- 120g de avelãs, sem cascas, torradas e picadas
- 100g de mini-marshmallows

Usei avelãs já torradas e sem cascas, mas se você prefere torrar as suas, ponha as avelãs em um tabuleiro, em uma só camada, e asse a 180°C por 5 a 8 minutos, ou no grill, por 2 minutos, até que fiquem marrons, checando periodicamente para que não queimem.

Para preparar o bolo, comece forrando um tabuleiro de 20cm com filme de PVC, deixando sobrar filme nas bordas do tabuleiro para que você possa tirar o bolo com facilidade.

Quebre os biscoitos em pedaços pequenos, menores que o tamanho de uma mordida, mas não reduzidos a migalhas.

Derreta em banho-maria o chocolate, a manteiga e o xarope de glucose em uma tigela refratária grande.

Afaste a tigela do calor e junte os biscoitos quebrados, depois, acrescente as frutas secas, as avelãs e os marshmallows.

Mexa bem, depois despeje no tabuleiro e leve à geladeira, por 6 horas.

Desenforme e retire o filme de PVC. Corte em 16 pedaços. Fique apreciando as pessoas devorarem.

Trifle Floresta Negra

Esta é uma variação de uma antiga receita muito apreciada, "Ordinary Trifle" (trifle comum). Trata-se de uma sobremesa tradicionalmente feita de camadas de morangos, pão de ló de baunilha, gelatina de morangos, creme de ovos (custard), creme de leite batido e mais morangos. Mas, para ficar em sintonia com o tema Floresta Negra, estou usando cerejas, gelatina de cerejas, pão de ló de chocolate e creme de chocolate. O tempo real de preparo é curto, mas há intervalos muito, muito longos entre cada etapa. É melhor você começar no dia anterior.

Rende 8 porções

- 2 latas de 400g de cerejas, em calda ou suco, qualquer uma serve
- 1 pacote de gelatina de cereja
- 200g de pão de ló de chocolate*

Para o creme

- 6 gemas de ovos
- 150g de açúcar
- 500ml de creme de leite
- 200g de chocolate amargo (70% cacau) cortado em pedaços bem finos

Para a cobertura

- 150ml de creme de leite fresco (para bater)

Escorra o líquido de uma das latas de cerejas e reserve. Coloque-as no fundo de uma tigela de 2 litros, de preferência transparente, para que as pessoas possam ver as camadas e admirá-las. Comprima-as bem.

Prepare a gelatina dissolvendo-a em 100ml de água fervendo em um recipiente refratário, depois, leve ao micro-ondas, por 1 minuto. Adicione o líquido escorrido das cerejas para completar meio litro, então, deixe descansar, até que a gelatina esteja *quase* endurecida. Isso levará horas e horas e horas. Se você estiver com pressa, vai demorar mais. Mas aposte que demora pelo menos três horas. Quando a gelatina finalmente ficar espessa e viscosa, parta os muffins de chocolate em pedaços pequenos e coloque-os na tigela, sobre as cerejas. Derrame a gelatina por cima. A gelatina continuará a endurecer.

Enquanto isso, comece a trabalhar no creme de chocolate. Em uma tigela separada, que você ainda não usou, bata as gemas com o açúcar até que fique uma mistura espessa e espumante. Em uma panela, escalde o creme de leite (ver página 21). Junte meia xícara desse creme escaldado às gemas, batendo continuamente. Quando estiver inteiramente incorporado, adicione mais meia xícara de creme e assim por diante, até que todo o creme tenha sido misturado.

Continue batendo para a mistura ficar mais espessa, depois, acrescente o chocolate picado, e mexa até ele derreter. Reserve até esfriar completamente. E quando digo "completamente" quero dizer *completamente*, porque, se você derramar o creme de chocolate mesmo que seja só um pouquinho quente sobre a gelatina, ele derreterá a gelatina e tudo ficará em ruínas. Em ruínas, volto a dizer. Então, sim, derrame o creme inteiramente frio sobre a gelatina e deixe endurecer — pelo menos por uma hora.

Pouco antes de servir, bata o creme de leite e espalhe-o em cima do creme de chocolate. Escorra o líquido da segunda lata de cerejas — você pode fazer o que quiser com o líquido desta vez — e arrume as cerejas sobre o creme de leite, de modo a ficar parecendo algo saído de um desenho animado.

* Ou você pode comprar dois muffins de chocolate.

Bolo de Balsâmico, Pimenta-do-reino e Chocolate

Esta é uma adaptação de uma receita do (muito divino!) livro de receitas *Divine Chocolate*. Quando deparei com ele, tinha acabado de voltar de férias com a família, da Toscana, e estava ansiosa por algum produto italiano.

Trata-se de um bolinho conveniente, porque não leva ovos nem laticínios e é impressionantemente fácil de fazer. Por favor, não fique receosa por causa do xarope de balsâmico e da pimenta-do-reino — eles fazem um contraponto interessante e ligeiramente estranho, mas não se sobrepõem a nada. No entanto, sugiro servir este bolo com queijo mascarpone e (aqui é que eu posso perder o seu apoio) manjericão fresco e xarope de balsâmico. Pense em dias ensolarados na Itália — é tudo o que posso dizer — e seja grata por, ao menos, eu não estar propondo anchovas.

Rende 9 ou 16 porções se você estiver se sentindo meio mão-de-vaca

- 175g de farinha de trigo
- 1 colher de chá de fermento em pó
- 50g de cacau em pó
- 175g de açúcar mascavo
- uma pitada de sal
- 1/2 colher de chá de pimenta-do-reino moída na hora
- 125ml de óleo de nozes
- 1 colher de sopa de xarope de balsâmico*
- 1 colher de chá de vinagre de vinho branco

Para servir

- 250g de queijo mascarpone
- um punhado de folhas de manjericão frescas rasgadas em pedaços pequenos**
- uma borrifada de xarope de balsâmico

Unte com óleo um tabuleiro de 20cm, de fundo removível, e preaqueça o forno a 180ºC.

Peneire a farinha, o fermento em pó e o cacau em pó numa tigela grande. Adicione o açúcar, o sal e a pimenta-do-reino.

Acrescente o óleo, o xarope de balsâmico, o vinagre de vinho branco e 150ml de água morna, e misture bem.

Coloque no tabuleiro e asse durante cerca de 30 minutos.

Favor observar que este bolo é um bolo "chato". Ele não crescerá muito e tem apenas uma camada. Ele não impressionará por si só. Estou dizendo isso agora para que você não fique desapontado. E para que entenda que o acompanhamento com o qual você vai servi-lo é quase tão importante quanto o próprio bolo.

Deixe esfriar em uma grade.

Quando estiver frio, retire do tabuleiro e corte em 9 pedaços. Ou 16.

Sirva com uma porção de queijo mascarpone. E com as folhas de manjericão e o xarope de balsâmico, se você se sentir ousado para tanto, mas, caso isso não aconteça, não se preocupe, ainda assim será maravilhoso.

* Você pode preparar reduzindo vinagre balsâmico em fogo baixo até a consistência de xarope. (N.R.T.)

** Vamos lá! Enlouqueça!

Pudim Fácil e Rápido de Fudge de Chocolate

Há muito a favor desta receita, não sendo menos importante o fato de que o gosto de chocolate é proporcionado por cacau em pó e não pelo próprio chocolate; portanto, é possível que exista cacau em pó em casa, ao contrário do verdadeiro chocolate, que não sobrevive às minhas "varreduras" habituais (ou seja, eu o como). Também, tudo entra na receita ao mesmo tempo — o pão de ló, a calda, tudo. Você simplesmente joga tudo lá dentro e esquece, por 40 minutos.

E o gosto é maravilhoso. O pão de ló é leve e achocolatado, e a calda, grudenta e cremosa. Uma palavra sobre o tamanho da fôrma que você vai usar. Certifique-se de que ela possa conter pelo menos 1,5 litro e tenha a profundidade de 5cm. Pode parecer grande e profunda, mas, das duas primeiras vezes em que fiz este pudim, usei uma fôrma de 1 litro e a cobertura transbordou pelas bordas, respingando no forno. Ele, coitado, teve um trabalho enorme para limpar tudo depois.

Rende 6 porções

Para o pão de ló
115g de açúcar mascavo
115g de manteiga sem sal
1 colher de chá de extrato de baunilha
2 ovos, levemente batidos
85g de farinha de trigo com fermento
30g de cacau em pó
uma pitada de sal

Para a calda
85g de açúcar mascavo
30g de cacau em pó
225ml de leite

Unte com manteiga uma fôrma refratária de 1,5l. Preaqueça o forno a 180ºC.

Bata o açúcar e a manteiga até formarem um creme leve e fofo.

Acrescente o extrato de baunilha e os ovos e bata.

Junte a farinha de trigo, o cacau em pó e o sal, peneirando-os, e incorpore à massa.

Com uma colher, coloque na fôrma untada.

Para a calda, é só misturar o açúcar e o cacau em pó e, aos poucos, ir colocando o leite e batendo.

Despeje de modo uniforme sobre a massa crua do bolo — sim, eu sei que parece estranho, mas funciona.

Cubra a fôrma com papel-alumínio e asse por cerca de 45 minutos.

Sirva quente, morno ou frio, com ou sem creme de leite.

Torta de Chocolate, Chili e Cardamomo

Esta adaptação de uma receita de Lucas Hollweg* parece — e tem um sabor — muito exótica, mas é surpreendentemente fácil de fazer. Ainda mais que estou lhe dando a opção de usar uma base de torta comprada pronta. Uma de 20cm de diâmetro seria ideal e só precisa ter 1,5 a 2cm de altura. Mas se você preferir fazer sua própria massa, veja as receitas no capítulo de tortas (página 112).

Só usei uma pimenta chili aqui, o que apenas sugere ardência, mero *soupçon*, se você preferir. Se quiser que fique mais picante, acrescente mais uma, até duas. Mas retire as sementes. Embora elas sejam a parte mais picante da pimenta, por alguma razão se queimam e ficam ruins na receita.

Rende 6-8 porções

uma base de torta pré-assada (de massa podre) de 20cm de diâmetro

Para o recheio

1 pimenta vermelha chili
9 favas de cardamomo
250ml de creme de leite fresco
50g de açúcar
250g de chocolate amargo (70% cacau), quebrado em pequenos pedaços
70g de manteiga cortada em pequenos cubos

Para decorar (opcional)

Folha de ouro comestível (ou ouro em pó comestível)

Para o recheio, corte o chili bem fino e descarte as sementes. Macere as favas de cardamomo passando-as num moedor de café ou amassando-as com a lâmina de uma faca larga e depois cortando-as como se tivessem insultado sua mãe.

Ponha o creme de leite, o açúcar, o cardamomo e o chili picado em uma panela e, com delicadeza, leve-os ao fogo brando. Mexa e aqueça até o açúcar dissolver, mas tenha cuidado para não deixá-lo queimar. Desligue o fogo e deixe em infusão por uma hora. Depois de uma hora, aqueça novamente a mistura do creme de leite até uma temperatura média, e então coloque o chocolate e a manteiga em uma tigela refratária e adicione a mistura de creme de leite morno, peneirando-a e descartando o cardamomo e o chili. Provavelmente, o calor do creme de leite derreterá o chocolate e a manteiga, e se for este o caso, mexa até que a mistura fique lisa e brilhante.

No entanto, algumas vezes que fiz esta receita, só o calor do creme de leite não foi suficiente para derreter o chocolate. Se isso acontecer, não entre em pânico. Coloque a tigela em banho-maria e mexa até o chocolate se dissolver e toda a mistura engrossar.

Despeje o recheio na base da torta. Coloque um pedaço de folha de ouro comestível no meio de cada futura fatia.

Deixe a torta esfriar por algumas horas, em temperatura ambiente. A combinação de creme de leite, chocolate e manteiga vai resultar em uma bela textura, quase de fudge, tão maravilhosa que, quando servir esta torta, pode ser que você depare com a inveja. Coloque-se acima disso.

* Lucas Hollweg tem coluna semanal de receitas na revista *Style* do jornal inglês *Sunday Times*. (N. T.)

Bolos Individuais de Lava de Chocolate

A relação esforço/efeito destes bolos é espantosamente baixa. Eles são muitíssimo simples de fazer; no entanto, a aparência e o sabor são de uma sobremesa pela qual você pagaria um bom dinheiro num restaurante francês. Principalmente se conseguir tirá-los da fôrma (chegarei lá). Esses bolos de lava são, em essência, bolos de chocolate quentes com um interior de chocolate líquido. A ideia é que você abra o bolo e o chocolate derretido escorra. Você pode decidir o grau de fluidez do chocolate controlando o período de tempo dos bolos no forno.

Rende 4 porções

170g de chocolate amargo (70% cacau)
170g de manteiga, cortada em cubos
3 ovos
85g de açúcar
85g de farinha de trigo

Para servir

morangos cortados em fatias finas
creme chantilly em spray ou sorvete de baunilha

Pegue 4 tigelas ramequins de 250ml e unte-as até não poder mais. É isso mesmo que eu quero dizer. Se você planeja que essas pequenas delícias sejam retiradas das fôrmas para os pratos, elas têm que estar forradas de manteiga.

Preaqueça o forno a 180ºC.

Dissolva em banho-maria o chocolate numa tigela refratária. Acrescente a manteiga em cubos e mexa até que derreta. Em uma tigela separada, bata os ovos e o açúcar, até a mistura ficar clara e espumante. Acrescente o chocolate derretido e mexa. Adicione a farinha, peneirando-a, e incorpore-a.

Divida igualmente a massa de chocolate nas quatro fôrmas untadas.

Asse durante 10 minutos, se você quiser que os bolos fiquem bem fluidos; 12 minutos, se os quiser mais firmes. Mas eu não os deixaria no forno mais do que 17 ou 18 minutos. Nesta etapa, você pode tornar sua vida mais fácil simplesmente colocando os ramequins nos pratos e jogando uma porção de sorvete de baunilha sobre os bolos. Ou — engula em seco e ajeite os ombros — você pode tentar desenformar os bolos.

Para fazer isto, primeiro, coloque os ramequins sobre uma superfície fria, por cerca de 5 minutos. Os bolos encolherão um pouquinho. Use a faca para, com delicadeza, ir afrouxando a conexão entre o bolo e o ramequim, e quando você sentir que não há mais nada a fazer, vire o ramequim de cabeça para baixo e cruze os dedos, para que o bolo se solte sem luta. Mesmo se houver algum desastre, se o fundo do bolo, em atitude desafiadora, se recusar a abandonar a fôrma, retire-o com uma colher, grude-o ao corpo principal do bolo e disfarce o dano com uma esguichada de chantilly ou uma bola de sorvete de baunilha.

Sirva com morangos cortados em fatias finas e creme chantilly em spray ou sorvete de baunilha.

Índice

a

abacaxi
  Pavlova de Gengibre e Abacaxi da Shirley 142, 143
  "Tarte Tatin" de Abacaxi com Massa Folhada 130, 131
abóbora: Bolo de Tabuleiro de Chocolate e Abóbora 190, 191
Um Abraço em Forma de Bolo 98, 99
açafrão: Cheesecake Invertido de Açafrão, Menta e Romã 92, 93
alecrim: Trufas de Alecrim do Sean 212, 213-14
amaretto: Cheesecakes Individuais de Amaretto 78, 79
amêndoa: Bolo de Pera, Amêndoa e Tahine 198, 199
amendoim
  Pão Másculo de Cheesecake de Chocolate Snickers 80, 81
  Cubos Desfibriladores 174, 175
anis-Estrelado: Cupcakes de Anis-Estrelado Ligeiramente Sinistros 61, 62
aveia
  Barras para o Café da Manhã 164, 165
  Cubos Desfibriladores 174, 175
  Cookies Luxuosos de Mirtilo, Pinoli e Chocolate 176, 177
  Crumble de Ruibarbo 32, 33

avelã
  Flã de Pera e Avelã 124, 125
  Torta de Chocolate e Avelã 126, 127

b

baklava: Baklava de Chocolate 134, 135, 137
bananas
Cupcakes de Banana e Caramelo da Zeny 63, 64, 65
  Cubos Desfibriladores 174, 175
  Torta Merengue de Banana 147, 148, 149
Barmbrack 108, 109
Barras para o Café da Manhã 164, 165
baunilha: Cupcakes Consistentemente Confiáveis 56, 57
biscoitos 159
  Barras para o Café da Manhã 164, 165
  Cookies de Chocolate e Melado 162, 163
  Cookies Luxuosos de Mirtilo, Pinoli e Chocolate 176, 177
  Biscoitos de Sapatos e Bolsas 178, 179-80, 181
  Corações Lebkuchen 168, 169, 171
  Cubos Desfibriladores 174, 175
  Biscotti de Pistache 172, 173
  Shakar Loqum (Biscoitos de Açúcar Armênios) 166, 167-8
  Tuiles de Laranja e Erva-doce 160, 161
biscotti 172, 173
Bolo Alemão Stollen 200, 201, 203
Bolo Brasileiro com Cerveja Preta 102, 103
Bolo da Rainha Vitória 28, 29
Bolo de Aniversário de Cola da Rita-Anne 100, 101
Bolo de Tabuleiro de Chocolate e Abóbora 190, 191
Bolo de Beterraba 184, 185
Bolo de Café Expresso e Nozes 96, 97
Bolo de Chocolate e Creme Azedo 206, 207
Bolo de Chocolate Reformado da Zaga (Torta Reforma Zagina) 144, 145, 146
Bolo de Laranja e Castanha-de-caju 186, 187
Bolo de Leite de Coco 110, 111
Bolo de Mel da Zaga 106, 107
Bolo de Natal sem Medo 40, 41-2, 43
Bolo de Pera, Amêndoa e Tahine 198, 199
Bolo de Balsâmico, Pimenta-do-reino e Chocolate 218, 219
Bolo de Três Leites (também conhecido como Um Abraço em Forma de Bolo) 98, 99
Bolo Rocky Road 214, 215
Bolos Individuais de Lava de Chocolate 224, 225

Bolinhos de Pedra 26, 27
bolos Invertidos
    Bolo de Manga Invertido 194, 195
    Bolo de Framboesa e Morango Invertido 196, 197
    Cheesecake Invertido de Açafrão, Menta e Romã 92, 93
brownies
    Brownies de Castanhas Portuguesas e Rum 208, 209
    Brownies Supremos de Chocolate 210, 211
    Broas de leitelho 30, 31

c

café: Bolo de Café Expresso e Nozes 96, 97
caramelo
    Cupcakes de Banana e Caramelo da Zeny 63, 64, 65
    Cupcakes de Wasabi e Chocolate Branco com Cobertura de Caramelo Salgado 70, 71
    Pudim de Caramelo "Puxa-puxa" do John 34, 35
    biscoito do Milionário segundo Ele 38, 39
cardamomo: Torta de Chocolate, Chili e Cardamomo 222, 223
castanha-de-caju: Bolo de Laranja e Castanha-de-caju 186, 187
cereja
    Trifle Floresta Negra 216, 217
    Muffins de Tamarindo, Tâmara e Cereja 192, 193
cerveja preta: Bolo Brasileiro com Cerveja Preta 102, 103
chá
    Barmbrack 108, 109
    Panna Cotta de Chá Verde 104, 105
cheesecakes 73-4
    base de biscoito 22
    como retirar o cheesecake da fôrma 22-3
    Cheesecake de Água de Rosas e Coco 88, 89
    Cheesecake Invertido de Açafrão, Menta e Romã 92, 93
    Cheesecake de Chocolate "Buraco Negro" 76, 77
    Cheesecake de Gengibre e Limão sem Assar 86, 87
    Cheesecake de Favo de Mel de Geladeira 90, 91
    Cheesecake de Lavanda e Chocolate Branco 82, 83-4
    Cheesecakes Individuais de Amaretto 78, 79
    Cupcakes de Cheesecake de Chocolate 66, 67
    Pão Másculo de Cheesecake de Chocolate Snickers 80, 81
chili: Torta de Chocolate, Chili e Cardamomo 222, 223
chocolate
    como derreter 20
    Baklava de Chocolate 134, 135, 137
    Cookies de Chocolate e Melado 162, 163
    Cookies Luxuosos de Mirtilo, Pinoli e Chocolate 176, 177
    Cupcakes Blondies 58, 59
    Bolo de Aniversário de Cola da Rita-Anne 100, 101
    Bolo de Tabuleiro de Chocolate e Abóbora 190, 191
    Bolo de Chocolate e Creme Azedo 206, 207
    Bolo Balsâmico, Pimenta-do-Reino e Chocolate 218, 219
    Bolo Rocky Road 214, 215
    Bolos Individuais de Lava de Chocolate 224, 225
    Brownies de Castanhas Portuguesas e Rum 208, 209
    Brownies Supremos de Chocolate 210, 211
    Cheesecake de Chocolate "Buraco Negro" 76, 77
    Cheesecake de Lavanda e Chocolate Branco 82, 83-4
    Cupcakes Red Velvet com Espirais 68, 69
    Cupcakes de Cheesecake de Chocolate 66, 67
    Cupcakes de Gotas de Chocolate 54, 55
    Cupcakes de Wasabi e Chocolate Branco com Cobertura de Caramelo Salgado 70, 71
    Macarons muito Achocolatados 156, 157
    Mousse de Chocolate Simples 36, 37
    Pão Másculo de Cheesecake de Chocolate Snickers 80, 81

Biscotti de Pistache 172, 173
Profiteroles 128, 129
Pudim Fácil e Rápido de Fudge de Chocolate 220, 221
Biscoito do Milionário segundo Ele 38, 39
Torta de Chocolate, Chilli e Cardamomo 222, 223
Torta de Chocolate e Avelã 126, 127
Trifle Floresta Negra 216, 217
Trufas de Alecrim do Sean 212, 213-14
Torta Reforma Zagina (Bolo de Chocolate Reformado da Zaga) 144, 145, 146

cobertura
Cobertura Básica de glacê 51
Cobertura de Creme de Manteiga 51
Cobertura de Caramelo Salgado 70

coco
Bolo de Leite de Coco 110, 111
Cheesecake de Água de Rosas e Coco 88, 89
Pão de Milho, Coco e Limão 202, 203

cola: Bolo de Aniversário de Cola da Rita-Anne 100, 101
Corações Lebkuchen 168, 169, 171
creme: como escaldar 21
crumble: Crumble de Ruibarbo 32, 33

cupcakes 47-8
Cupcakes de Banana e Caramelo da Zeny 63, 64, 65
Cupcakes Blondies 58, 59
Cupcakes Red Velvet com Espirais 68, 69
Cupcakes Consistentemente Confiáveis 56, 57
Cupcakes de Anis-estrelado Ligeiramente Sinistros 61, 62
Cupcakes de Bolo de Cenoura 60, 61
Cupcakes de Cheesecake de Chocolate 66, 67
Cupcakes de Morango Doces e Simples 52, 53
Cupcakes de Segundo Escalão com Gotas de Chocolate 54, 55
Cupcakes de Wasabi e Chocolate Branco com Cobertura de Caramelo salgado 70, 71

e
erva-doce: Tuiles de Laranja e Erva-doce 160, 161
Enroladinhos de Creme de Limão e Pistache 132, 133

f
favo de mel: Cheesecake de Favo de Mel de Geladeira 90, 91
figos: Bolo de Tabuleiro de Chocolate e Abóbora 190, 191
Flã de Pera e Avelã 124, 125

framboesa
Bolo de Chocolate e Creme Azedo 206, 207
Bolo de Framboesa e Morango Invertido 196, 197

g
gengibre
Cheesecake de Gengibre e Limão sem Assar 86, 87
Pavlova de Gengibre e Abacaxi da Shirley 142, 143
Glacê 51

l
laranja
Bolo de Laranja e Castanha-de-caju 186, 187
Tuiles de Laranja e Erva-doce 160, 161
leite
como escaldar 21
Bolo de Três Leites 98, 99
limão
Cheesecake de Gengibre e Limão sem Assar 86, 87
Minitortas de Limão 114, 115, 117
Pão de Milho, Coco e Limão 202, 203

m
maçãs
Macarons de Maçã Verde 152
Torta de Maçã da Mam 118, 119-20, 121
macarons 150
Macarons Básicos de Cranberry 151-2, 153
Macarons de Tiramisu 154, 155
Macarons Muito Achocolatados 156, 157
manga
Macarons de Manga 152
Bolo de Manga Invertido 194, 195

ÍNDICE
229

manteiga
  clarificada 167
  salgada ou sem sal 20
massa choux 129
massa podre
  à mão 114, 117
  no processador de alimentos 119
  ver também tortas e massas
mel
  Bolo de Mel da Zaga 106, 107
  Corações Lebkuchen 168, 169, 171
  Cubos Desfibriladores 174, 175
melado: Cookies de Chocolate e Melado 162, 163
menta: Cheesecake Invertido de Açafrão, Menta e Romã 92, 93
merengues 139
  Torta Merengue de Banana 147, 148, 149
  Mirtilo com Merengue 140, 141
  Pavlova de Gengibre e Abacaxi da Shirley 142, 143
  Torta Reforma Zagina (Bolo de Chocolate Reformado da Zaga) 144, 145, 146
Minitortas de Limão 114, 115, 117
mirtilo (blueberry)
  Cookies Luxuosos de Mirtilo, Pinoli e Chocolate 176, 177
  Mirtilo com Merengue 140, 141
  recheio de cranberry: Macarons Básicos de Cranberry 151-2, 153

morango
  Bolo de Framboesa e Morango Invertido 196, 197
  Cupcakes de Morango Doces e Simples 52, 53
mousse: Mousse de Chocolate Simples 36, 37
muffins: Muffins de Tamarindo, Tâmara e Cereja 192, 193

n

nozes
  Baklava de Chocolate 134, 135, 137
  Bolo de Café Expresso e Nozes 96, 97
nozes pecã
  Baklava de Chocolate 134, 135, 137
  Torta de Nozes Pecã 122, 123

o

ovos
  como separar 21
  cascas 21
  ver também macarons; merengues

p

panna cotta: Panna Cotta de Chá Verde 104, 105
Pão de Milho, Coco e Limão 202, 203
Pão Másculo de Cheesecake de Chocolate Snickers 80, 81
pavlova: Pavlova de Gengibre e Abacaxi da Shirley 142, 143
pera
  Bolo de Pera, Amêndoa e Tahine 198, 199

Flã de Pera e Avelã 124, 125
pimenta-do-reino: Bolo de Balsâmico, Pimenta-do-Reino e Chocolate 218, 219
pinoli: Cookies Luxuosos de Mirtilo, Pinoli e Chocolate 176, 177
pistache
  Baklava de Chocolate 134, 135, 137
  Enroladinhos de Creme de Limão e Pistache 132, 133
  Biscotti de Pistache 172, 173
  Cheesecake Invertido de Açafrão, Menta e Romã 92, 93
Profiteroles 128, 129
Pudim de Caramelo "Puxa-puxa" do John 34, 35
Pudim de Pão com Manteiga 44, 45
Pudim Fácil e Rápido de Fudge de Chocolate 220, 221

r

romã: Cheesecake Invertido de Açafrão, Menta e Romã 92, 93
rum: Brownies de Castanhas Portuguesas e Rum 208, 209

s

Shakar Loqum (Biscoitos de Açúcar Armênios) 166, 167-8
Snickers: Pão Másculo de Cheesecake de Chocolate Snickers 80, 81
Stollen (Bolo Alemão) 200, 201, 203

t

tahine: Bolo de Pera, Amêndoa e Tahine 198, 199

tâmaras
- Cubos Desfibriladores 174, 175
- Muffins de Tamarindo, Tâmara e Cereja 192, 193
- Pudim de Caramelo "Puxa-puxa" do John 34, 35

tarte tatin: "Tarte Tatin" de Abacaxi com Massa Folhada 130, 131

tortas 18, 113
- assar às cegas 21
- Método do filme de PVC 119–20
- Versão da superfície enfarinhada 117
- Baklava de Chocolate 134, 135, 137
- Enroladinhos de Creme de Limão e Pistache 132, 133
- Flã de Pera e Avelã 124, 125
- Minitortas de Limão 114, 115, 117
- Profiteroles 128, 129
- "Tarte Tatin" de Abacaxi com Massa Folhada 130, 131
- Torta Merengue de Banana 147, 148, 149
- Torta de Batata-doce 188, 189
- Torta de Chocolate, Chili e Cardamomo 222, 223
- Torta de Chocolate e Avelã 126, 127
- Torta de Maçã da Mam 118, 119–20, 121
- Torta de Nozes Pecã 122, 123
- Torta Reforma Zagina (Bolo de Chocolate Reformado da Zaga) 144, 145, 146

toffee *ver* caramelo

trifle: Trifle Floresta Negra 216, 217

trufas: Trufas de Alecrim do Sean 212, 213–14

tuiles: Tuiles de Laranja e Erva-doce 160, 161

w

wasabi: Cupcakes de Wasabi e Chocolate Branco com Cobertura de Caramelo Salgado 70, 71

Meus muitos agradecimentos

Um imenso muito obrigada à querida Helen Cosgrove, que me inspirou a fazer o primeiro bolo e me orientou sobre como fazê-lo ("Você precisa comprar uma fôrma", disse ela).

Obrigada a todos que contribuíram com receitas: John Baines, Shirley Baines, Ele Baines, Sean Ferguson, Mam Keyes, Zaga Radojčić (e obrigada a Ljiljana Keyes por traduzi-las do sérvio), Beth Nepomuceno e Zeny Perez.

Fiz alguns ótimos cursos de confeitaria na Cooks Academy, em Dublin, e aprendi verdadeiras mágicas em decoração de bolos na Cake 4 Fun, Putney e Cake Box, e Dún Laoghaire. Sou muito agradecida pelo conhecimento que compartilharam comigo.

Livros e receitas de vários confeiteiros famosos foram uma inspiração para mim, e eu gostaria de fazer uma menção especial ao eletrizante inovador Dan Lepard, ao maravilhoso, maravilhoso Nigel Slater e à minha grande favorita, Catherine Leyden (acompanhem em Ireland AM).

Obrigada a todas as pessoas a quem empurrei os meus bolos e que me deram sua opinião — gente demais para mencionar.

Obrigada a todos da Michael Joseph que abraçaram a ideia deste livro com tanto entusiasmo e que trabalharam nele — e comigo! — com tanta diligência e paciência: Lindsey Evans, Louise Moore, Liz Smith, Nick Lowndes, Lee Motley, John Hamilton, Sarah Fraser e os editores de texto. Obrigada a Louisa Carter e ao pequeno exército de pessoas que testou todas as minhas receitas para ter certeza de que funcionavam. Obrigada ao meu sempre maravilhoso agente Jonathan Lloyd e a todos da Curtis Brown.

Obrigada a Alistair Richardson pela bela fotografia, e a Barry McCall, a seu adorável assistente Paul e à minha intrépida cabeleireira, maquiadora e amiga Tish Curry, por terem tornado a foto de capa tão indolor.

Finalmente, o meu maior muito obrigada vai para Ele, que suporta viver em uma casa coberta por uma fina película de açúcar de confeiteiro, que fotografou absolutamente tudo que eu preparei e me encorajou a cada passo do caminho.